CASI IMPERCEPTIBLE

Las marcas percibidas y desapercibidas por
los consumidores y sus giros posibles

Javier Otaduy

Pe&a, Proyectos editoriales y arte

"Contrario a nuestro entendimiento intuitivo basado en nuestra propia experiencia, las percepciones no son copias directas del mundo alrededor nuestro".

ERIC R. KANDELL.

CONTENIDO

Página del título
Epígrafe
1. Pasando desapercibidos   1
2. El constructor activo de percepciones   6
3. Una revisión teórica acerca de cómo percibimos y de qué somos conscientes   39
4. Sesgos perceptuales   73
5. Agotando el uso de la publicidad como detonador de percepciones   115
6. Hacia los giros perceptuales   128
Referencias bibliográficas   164

1. PASANDO DESAPERCIBIDOS

En el mundo de las marcas de hoy vale más la conocida frase de Oscar Wilde: "Hay solamente una cosa en el mundo peor que hablen de ti, y es que no hablen de ti". Si bien es cierto que en la preocupación por los reposicionamientos de las marcas, sus virajes estratégicos, su regreso a la curva del crecimiento, el aprovechamiento de todo su potencial o la efectiva proyección de sus atributos, lo que menos se desea es que el consumidor se quede con percepciones negativas que afecten sus patrones de consumo o que las acciones de las marcas pasen desapercibidas.

En los tiempos actuales ha cobrado un enorme interés que se hable de una marca —por ejemplo en las redes sociales, *blogs* o foros—, de su campaña publicitaria, su filosofía, sus propuestas o de lo que está tratando de hacer para conseguir mayor número de consumidores. Hoy en día es frecuente que un artista, medio de comunicación, deportista o partido político hable de estar en *Top of Mind*, o de qué estrategias utilizará para ganar seguidores en twitter o Facebook.

Por lo anterior, el mayor temor de muchas marcas es pasar desapercibidas o formar parte del ruido blanco que satura al consumidor todos los días. En realidad, el problema de esto es que en muchas ocasiones se siguen utilizando las viejas tácticas de marketing y publicidad donde si no estabas presente en los medios masivos no existías.

Otras acciones de marca, que forman parte de ese viejo modelo, son la dependencia en el lanzamiento de promociones y descuentos; seguir pensando que los consumidores en realidad compran los productos por sus características específicas; forzar percepciones en el consumidor tratando de relacionar conceptos que no caben en su mente —a veces usando modelos o esquemas para explicar el comportamiento del consumidor que lo reducen a unos pocos pasos o procesos—; depender de actrices atractivas; utilizar fórmulas breves y pegajosas, o celebridades muy conocidas para impactar y llamar la atención.

Los nuevos tiempos nos exigen nuevos modelos de análisis y de pensamiento. En ninguna época habíamos visto tantos ejemplos de marcas que fracasan en sus objetivos de lograr recordación, notoriedad de marca y/o posicionamiento al utilizar espectaculares, spots de televisión o banners vistosos pero sin contenido relevante para el consumidor. O casos como el lanzamiento de un empaque con colores muy llamativos pero que no logran captar la atención del espectador, porque no van con la marca o que simplemente pasan desapercibidos.

Un espectacular con gran presencia de marca, con una foto o estética que llama la atención (por ejemplo, el anuncio exterior de Vicky Form en la ciudad de México que incluye a una modelo que se desviste cuantos más claxonazos den los automovilistas), un infomercial de algunos minutos donde se exageran en extremo los beneficios del producto y la saturación de estímulos publicitarios en un canal de televisión o estación de radio, son otros ejemplos de lo mismo.

La vieja idea del *marketing* sostenía que cuanto más se transmitiera un estímulo, más se le quedaría grabada una marca o el beneficio que esta ofrece al consumidor.

Estudios demuestran que esto no es así, no es tan simple; depende de otros elementos como la relevancia del mensaje, el contexto en que se encuentran el consumidor y la marca, el atractivo de la categoría de producto, las percepciones del consumidor y su estado de conciencia al ver el estímulo mercadológico. También importa su capacidad para atender a un exceso de estímulos, y más.

Vivimos tiempos de saturación y sobreestimulación, mientras que la percepción del consumidor, su atención, su memoria, lo que los sentidos están en capacidad de registrar han llegado al límite. Para ejemplificar esto recordemos la escena cuando Alex, personaje principal de la película *La naranja mecánica*, estaba sujeto y con los ojos abiertos de forma forzada para ver imágenes frente a una pantalla, con el fin de que su comportamiento cambiara. Claro está que, comparándonos con esa situación, los constantes mensajes e imágenes que recibimos en nuestra vida cotidiana, es voluntad nuestra exponernos a ellos y, es importante señalar, que la relevancia de ellos es muy, muy diversa.

Ante lo anterior, muchas marcas viven el riesgo de pasar desapercibidas y de no lograr cambiar las percepciones que anhelan en su público meta. Vivimos un tiempo donde el consumidor presenta lo que yo llamo "visión túnel", un término utilizado para describir un trastorno de la percepción que ha sido estudiado por psicólogos, médicos, neurólogos y científicos.

Como lo define el *Diccionario de Psicología* de Andrew M.

Colman, la visión de túnel es una forma de disfunción en la que el campo visual del sujeto se ve disminuido, creando un efecto similar a bajar la vista hacia un tubo estrecho o un túnel. La American Foundation for the Blind (Fundación Americana para la ceguera) la define como un campo visual delimitado por un ángulo de 20 grados o menos como criterio de ceguera.

En resumen, se trata de un trastorno de la percepción visual donde se pierde la visión periférica y se presenta una limitación del campo visual.

Si llevamos este concepto a algo más amplio, como la percepción del consumidor en nuestro entorno, nos percataremos que por más que lo estimulemos, por más que pretendamos que sus sentidos capten todo lo que le transmitimos —y su memoria haga una calca de ello—, y por más que nos emocionemos con la gran expectativa de que su percepción cambie y concuerde con nuestro objetivo, su visión y construcción de percepciones son como un túnel que no se ensancha y no gana capacidad.

Como vaticinan algunos investigadores, actualmente un consumidor está expuesto a más de 5,000 anuncios al día, mientras que en los años setenta apenas llegaban a 1,000; nuestra capacidad perceptual, obviamente, no se ha quintuplicado en este lapso de tiempo. Con base en lo anterior, tenemos que entender cómo funciona la construcción de percepciones del consumidor para poder lograr que se lleven a cabo nuestras estrategias de negocio y de marca.

En nuestros tiempos, el hecho de estar presentes en las nuevas plataformas mediáticas como videos *online*, redes sociales, *blogs* y aplicaciones para *smartphones* y tabletas, no es garantía de éxito. Aparecer en twitter, Facebook o Pinterest no te asegura resultados favorables; el momento, la relevancia de lo comunicado, el campo perceptual y la empatía y el relacionamiento que logre con el consumidor, continúan siendo críticos.

Frente a lo anterior, el principal objetivo de este libro es revisar el funcionamiento de la percepción y la conciencia de una forma más actualizada, hacer un recuento de varios sesgos perceptuales que suelen tener los consumidores acerca de algunas marcas, sus acciones y categorías de producto y, finalmente, ofrecer una serie de recomendaciones y tácticas para revertir percepciones o hacer que éstas logren dar un giro, es decir, que se acerquen más a lo que pretenden.

2. EL CONSTRUCTOR ACTIVO DE PERCEPCIONES

2.1 Estados Alterados

Cuando vemos la película de la década de los ochentas *Estados alterados* de Ken Russell, nos adentramos —sobre todo al inicio— en uno de los temas cruciales que se tocan hoy en día con respecto a los estímulos publicitarios: los estados de conciencia. La película comienza con un experimento que sería imposible de replicar, aunque sería interesante lograrlo: meternos en un tanque de aislamiento sensorial, privarnos de cualquier percepción sensible y buscar estados de conciencia regresivos sin ninguna injerencia de los sentidos, como cuando soñamos y vivimos al 100% experiencias que nos hacen reír, llorar, sentirnos felices o excitarnos, y sin límites que imponga la realidad.

En la película, Edward Jessup (estelarizado por William Hurt) es un profesor universitario de "psicología anormal". Es un científico que no conforme con los experimentos de estados de conciencia que realiza con otras personas y estudiantes —los cuales eventualmente rechazan participar en los mismos por raros y por el uso de sustancias psicoactivas y psicotrópicas— decide experimentar consigo mismo.

Con la ayuda de otro colega, el científico se sumerge en el tanque de privación sensorial y sin que los sentidos puedan registrar nada, busca llegar a estados de conciencia regresivos, para tratar de llegar al primer hombre, el más básico, el primitivo, en los tiempos en que el cerebro reptiliano y los instintos eran los principales detonadores de la conducta del hombre. Tal escena nos plantea algo relacionado con lo que trataremos en este libro. ¿Cómo sería percibir sin la ayuda de los sentidos? En tiempos donde muchas marcas buscan generar experiencias de marca, ¿cómo impacta el mundo exterior en nuestra conciencia y finalmente en lo que percibimos?

Pensemos, por ejemplo, en un sueño que se construye a partir de referencias ubicadas en nuestra memoria, tales como personajes, escenarios y sentimientos, ¿la experiencia del sueño influye en cómo nos comportamos?

Regresando al tema de la privación sensorial, ésta haría que separemos lo que percibimos a través de nuestros cinco sentidos, de nuestros procesos mentales, de conciencia, aprendizaje y memoria. Y es que, hasta hace algunos años varios autores tenían la certeza de que con sólo recordar y verbalizar un comercial, éste tendría un efecto en nuestra percepción y conducta, lo cual ha perdido fuerza en tiempos recientes.

En la obra de Paul Feldwick *Exploding The Message Myth*, uno de los puntos que se trata es que cuando asociamos, conectamos y relacionamos ideas, imágenes y sentimientos, estas acciones no tienen porqué ser conscientes ni terminar siendo verbalizadas por el sujeto.

"Nuestros cerebros van casi siempre en piloto automático, y la mente consciente tiene muy poco acceso a la gigantesca y misteriosa fábrica que funciona debajo". David Eagleman.

Por otro lado, Eichenbaum plantea que nuestra memoria emocional no declarada (la que no expresamos verbalmente) toma un papel importante en el procesamiento que hacemos de la publicidad. Asimismo, el mismo autor (citado por Larry Percy en su artículo "Procesamiento inconsciente de la publicidad y sus efectos hacia la actitud y la conducta") afirma que el sistema emocional en nuestro cerebro está capacitado para percibir y almacenar información que en realidad no ha sido registrada por nuestra atención y, al mismo tiempo, involucra nuestro sistema de memoria declaratoria (la que expresamos y estamos conscientes de ella).

Dado lo anterior, se ha demostrado que los consumidores pueden registrar información de un estímulo de forma no consciente, no llegar a verbalizarla, y sin embargo, tener una influencia en su percepción sobre dicho estímulo.

Un ejemplo es el que menciona Robert Heath en su libro *Seducing the Subconscious: The psychology of Emotional Influence in Advertising* cuando plantea que la publicidad puede funcionar aunque no sea abiertamente persuasiva. Y menciona tres comerciales, de los cuales en dos de ellos los consumidores no llegaron a recordar los mensajes (vehículos O2 y Clío de

Renault), y un anuncio, que en realidad no contenía ningún mensaje, fue el que ayudó a construir marcas exitosas.₃ Asimismo, un comercial de la marca Orange de hecho logró cambiar actitudes en los consumidores, sin que haya sido recordado, ni nadie supiera de quien era.

Concluyo que no todos los anuncios deben de descuidar los mensajes o no darle importancia a su recordación consciente o no, sino que existen estímulos de marca (*packs*, un jingle en un anuncio, un color, un comercial, etc.) que podrían no ser nombrados por los consumidores y, sin embargo, tener efectos en su percepción sobre dicha marca. Existen cosas que aprendemos con niveles muy bajos de atención, y también llegamos a procesar emociones sin atención. Más adelante daremos algunos ejemplos.

Lo mismo de la percepción aplica para comportamientos que hacemos sin estar conscientes, y como algunos científicos e investigadores mencionan, existen conductas aprendidas que si las hiciéramos conscientes y siguiéramos los pasos para completarlas probablemente seríamos incapaces de realizar la actividad (por ejemplo, tocar un piano o andar en bicicleta o hasta escoger un champú cuando lo tiramos al carrito de compras prácticamente sin ser conscientes). Esto es lo que algunos autores llaman memoria implícita.

Como plantea Yalçın Kırdar, el subconsciente se define como la parte baja del umbral de la conciencia.₄ Incluye todos los fenómenos y elementos excepto la percepción consciente. En este caso me refiero de forma indiscriminada entre inconsciente y subconsciente, e incluyo procesos como sueños, conductas automáticas que tomamos sin darnos cuenta, que no somos conscientes de ellas, y todo lo que no pase por nuestra conciencia. Por ejemplo, en el mundo del consumo cuando escogemos una marca en automático sin habernos percatado de ello, o no notamos haber visto un anuncio, pero cuando escuchamos el jingle del mismo lo podemos llegar a reconocer o nos transmite algo.

En la percepción consciente, los individuos tienden a almacenar y darle forma a la cognición que se formaron a través de sus cinco sentidos. Una pequeña parte de lo que almacenan lo hacen a través de la conciencia, pero el resto se hace sin conciencia a través de la mente subconsciente y se registra sin ningún filtro.

Lo mismo ocurre con estímulos de marcas, los recibimos tanto de forma consciente con los cinco sentidos como de forma subconsciente, y ambas —junto con procesos mentales como la memoria, el aprendizaje, juicio, etcétera— son utilizadas para crearnos percepciones de las marcas y de sus componentes (logos, empaques, eventos, anuncios, contenido en redes sociales y mucho más).

Se suele pensar que lo más importante es la gestión de los estímulos de las marcas y la captación de la gente a través de sus cinco sentidos, dándole menor valor a lo que no verbaliza y de lo que no es consciente; además se sigue pensando que el consumidor recibe lo que le enviamos de forma completa. Sin embargo, lo que en realidad ocurre es que capta una especie de *collage* o de fragmentos de cosas distintas y sin relación que están en su contexto en determinado momento, y que después con su aparato perceptual le va dando forma y sentido.

Las cosas que vemos en la vida diaria y los datos que enviamos a nuestra mente consciente son de hecho una pequeña proporción de lo que los ojos perciben.

En términos generales, podemos afirmar que hay estímulos publicitarios que los consumidores no son capaces de confirmar si lo vieron o lo escucharon, y sin embargo, tales estímulos les dejan huella y es posible que tengan un efecto posterior.

En realidad, existen logotipos, eslóganes, estímulos, anuncios, colores, etc. de una marca que nos llegan "bajo el radar" de nuestra mente o de las que sólo captamos unas partes de manera incompleta.

2.2 ¿Inconsciente Y Subliminal Es Lo Mismo?

Cuando hablamos del subconsciente en el terreno de la mercadotecnia inmediatamente surge el tema de lo subliminal, concretamente, de la publicidad subliminal. Es importante que al analizar este tema no demos por hecho que cuando captamos un comercial o partes de él de forma no consciente —o con nuestra memoria implícita (no explícita)— éste influirá subliminalmente en nuestras percepciones.

Ahora bien, antes de continuar con la exposición, es necesario realizar una breve definición de los términos utilizados en este apartado.

Publicidad subliminal. Se refiere al uso que dan los publicistas a imágenes o sonidos para influir a que el consumidor consuma, compre o se acerque a una marca sin que se de cuenta o sea consciente de ello.

Memoria implícita. Es un concepto utilizado desde hace no tanto tiempo —en los ochenta— y se refiere a lo que memorizamos y no declaramos, al aprendizaje inconsciente de alguna actividad o tarea y se manifiesta más como algo automático, como si fuera un reflejo. Pueden ser cosas o actividades que aprendimos anteriormente aunque no las recordemos o no declaremos verbalmente, abiertamente o explícitamente cómo las aprendimos. Mientras tanto, la memoria explícita o memoria declarada involucra un aprendizaje consciente. En ocasiones hacemos uso de la memoria implícita sin haber recordado algo, sino simplemente lo hacemos, como andar en bicicleta o amarrarnos las agujetas.

Subliminal. En realidad es un concepto mucho más amplio que el de la publicidad subliminal. Se trata de la percepción que se capta a nivel subconsciente; es decir, que podría ser tanto publicidad como manifestaciones artísticas o culturales, conversaciones, y cualquier estímulo que se capte de forma no consciente.

La publicidad subliminal es un tema del cual existen grandes mitos. Hay gente que sigue especulando sobre los enormes y excelentes resultados que aporta este tipo de publicidad, llegando a pensar que es utilizada de forma muy común por las marcas. Y casi no hay mercadólogo que lo primero que asocie con este tipo de publicidad sea aquel experimento donde pequeñas inserciones de publicidad en una proyección de cine, lograron que la gente saliera a comprar palomitas y refrescos por el efecto inmediato en el subconsciente. ¡Como si los consumidores fueran autómatas fácilmente manipulables para que compren un producto u otro al exponerse a mensajes subliminales!

Hoy sabemos que el uso deliberado de la publicidad subliminal es casi inexistente en el *marketing*; además, existen resultados contradictorios acerca de su efectividad. De hecho, se ha llegado a la conclusión de que su uso no ha sido positivo en resultados de ventas ni ha generado grandes cambios en el consumo.

La creencia en la eficacia de la publicidad subliminal surgió del test que realizó hace muchos años el investigador de mercados James Vicary, en el que mensajes subliminales de Coca-Cola y palomitas de maíz se alternaban con imágenes en la pantalla de un cine.[5]

El señor Vicary aseguró haber logrado que 45,699 personas fueran expuestas a dos mensajes publicitarios sin que ellos lo supieran en noches alternativas. Uno de los mensajes decía "Come palomitas", y el otro "Toma Coca-Cola". Y en ese momento manifestó que hubo un incremento en las ventas de los dos productos, de un 57.5% en las palomitas de maíz, y de 18.1% en las de Coca-Cola, como resultado de la "publicidad invisible". Estudios posteriores, concretamente el de Elysabeth Teeko, han revelado que los mensajes subliminales tienen de poco a ningún efecto en la toma de decisiones de una persona.[6]

Los primeros intentos para enviar mensajes subliminales a las personas se hicieron a principios del siglo XX. Pero fue hasta 1957 cuando James Vicary recolectó datos acerca de la publicidad subliminal. Vicary llevó a cabo una serie de estudios con más de 45,000 personas. Sin entrar en detalles, este investigador de mercado en un primer momento concluyó que los mensajes de "Come palomitas" y "Toma Coca-Cola" durante el tiempo de aplicación de la campaña lograron que las ventas fueran más altas que si no se hubieran aplicado y alternado dichas imágenes.

A pesar de lo anterior, el 17 de septiembre de 1962, en el quinto aniversario de su experimento, la revista *Advertising Age* manifestó que Vicary lo utilizó como un truco con el fin de salvar la caída que estaba sufriendo su negocio, y que el experimento no tuvo validez científica ni práctica. Este y otros comentarios y análisis sobre el "Experimento de las palomitas" ponen en duda la gran efectividad de la publicidad subliminal tomando como referencia primordial este acontecimiento y su mitificación durante el tiempo.

Relacionado con lo anterior, y tal como publicó hace algunos años la revista *Advertising Age*, la frase "publicidad subliminal" ha sido utilizada para describir la representación de órganos sexuales, palabras vulgares, así como el uso de colores cambiantes en ilustraciones de publicidad, los cuales todos pueden ser percibidos conscientemente (por ejemplo, el uso de azul *newport* como el color del océano que aparece en una escena de playa de un anuncio para cigarros Newport).

En realidad, sólo las imágenes o sonidos no pueden ser reconocidos como literalmente subliminales. Más allá de los diversos testeos que se han realizado, según el artículo mencionado no se han podido probar que existan efectos significativos en conocimiento de marca o conducta de compra de los consumidores. En este sentido, si los publicistas hubieran encontrado los excelentes resultados de la publicidad subliminal, existiría un gran número de agencias *boutique* ofreciendo este tipo de servicios y, si fueran tan efectivos sus mensajes, ya hubieran sido utilizados con mayor frecuencia por los gobiernos para eliminar conductas perjudiciales en la sociedad, como el abuso infantil, la adicción a las drogas o la evasión fiscal.

En nuestro caso podría haber sido utilizada por el gobierno mexicano para cambiar ciertas conductas de forma exitosa, como la alimentación no saludable, combatir la obesidad, incrementar el número de lectores en el país, o que la violencia hacia las mujeres sea erradicada por completo.

Sin embargo, en las siguientes páginas veremos que lo anterior no quiere decir que los estímulos publicitarios, partes de ellos o elementos de una marca (logotipos, jingles, nombres, celebridades, etc.) no entren a nuestro subconsciente, ni que sea necesaria la atención y memoria explícitas para recordar algo que hayamos visto de una marca. De hecho, es muy posible, y sucede todo el tiempo, que con el material consciente e inconsciente que maneja nuestro cerebro formamos o construimos nuestras percepciones.

Por otro lado, en realidad el concepto original de lo subliminal se refiere en lo general a algo que entra por debajo de los umbrales de nuestra conciencia, y no a la idea común de tener el poder de manipular el inconsciente de los consumidores, labor, absolutamente demostrada, que es un imposible ya que el funcionamiento del inconsciente es algo mucho más complejo.

"La conciencia es como un diminuto polizón en un transatlántico, que se lleva los laureles del viaje sin reconocer la inmensa obra de ingeniería que hay debajo".

David Eagleman.

No hay duda de que estímulos de fuera, o fragmentos de ellos, entran en nuestro subconsciente, pero esto ocurre en todo momento y ante todo tipo de estímulos, de los cuales los publicitarios ocupan solo una mínima parte. Y el funcionamiento del inconsciente no es algo tan simplista y manipulable como el *joystick* en un videojuego, esto sólo se ve en las películas que nos entretienen.

2.3 El Neuromarketing, Lejos De Dar Recetas

Actualmente es frecuente escuchar que todos los grandes avances del *neuromarketing* —que sin duda han sido muchos— nos darán caminos, recetas, y nos arrojarán las causas de nuestros procesos cerebrales cuando estamos expuestos a un estímulo mercadológico. Pero, lo más probable es que no lo logremos.

Por ejemplo, en un artículo de la revista Merca2.0 llegan a la conclusión de que el neuromarketing "debe estar presente más que nunca, y no por una temporada, porque esto tiene que ver mucho con las nuevas tendencias de neuroeconomía".[7] Asimismo, hay autores que hablan de la reciente moda del neuromarketing y de su capacidad para predecir las conductas del consumidor. En realidad, pienso que estamos demasiado lejos de realmente predecir el comportamiento del consumidor sin quitar avances y aportaciones grandes que se han dado en este ramo.

Una definición interesante sobre el neuromarketing es la

de Jaime Romano que es una de las personas que más ha estudiado estos procesos y ha desarrollado lo que llama la "neuropirámide": "el proceso de una toma de decisión, en apariencia tan nimia, tiene que ver con complejos asuntos racionales, emocionales e intuitivos que son motivo de estudio del neuromarketing".[8]

Por otro lado, la agencia de investigación de mercados Millward Brown define al neuromarketing como una "nueva disciplina que nos ayuda a entender mejor el funcionamiento de las marcas, la eficacia de sus comunicaciones, el comportamiento de los consumidores y el proceso de toma de decisiones en la compra (y punto de venta)".[9]

Es un hecho que ahora poseemos, y en el futuro próximo tendremos aún más, conocimiento en torno a la zona del cerebro que se activa cuando nos exponemos a un estímulo mercadológico, los procesos sinápticos de las neuronas, y cuándo éstas se encienden ante determinado estímulo. Como menciona Erik Du Plessis —relacionando neuronas y sinapsis, en su libro The Advertised Mind—, nuestro conocimiento y memorias no se almacenan como estados de encendido y/o apagado de las neuronas, sino con las sensibilidades entre las neuronas, o sea en un estado de las sinapsis, mismo que se establece con la experiencia a través del número de veces que dos neuronas se encendieron en conjunto en el pasado.[1]

En síntesis, la sinapsis es la unión o conexión entre dos neuronas cuando se da una transmisión de un impulso nervioso. Empieza con una descarga química que instaura una corriente eléctrica, y la neurona lanza compuestos químicos que se llaman neurotransmisores.

Sin que sea el afán del libro dar una explicación completa

del *neuromarketing* ni de los procesos cerebrales, difícilmente llegaremos a saber qué lo provoca en diferentes contextos y estamos muy lejos de poder predecir la reacción que va a despertar un estímulo en determinado contexto real, principalmente por dos razones:

1) La respuesta cerebral está limitada al contexto de experimentación, y las realidades y los contextos cambian exponencialmente en un solo día en el mismo consumidor y en todo momento. Es algo muy distinto encontrar en una investigación que cuando un anuncio impreso tiene fondo naranja activa ciertas partes del cerebro y hace que los consumidores —en el contexto del testeo de un supermercado— compren 18% más un producto, que concluir que cuando utilicemos fondos naranjas en los anuncios los consumidores comprarán más.

2) Las muestras son aún muy pequeñas, y recientemente hay autores que ponen en tela de juicio la simplificación de los procesos cerebrales (uno de ellos es el neurocientífico David Eagleman, autor de *Incógnito*) y el reduccionismo de la exclusividad de las zonas que se activan ante diversos requerimientos del cerebro. Además, han encontrado un gran solapamiento de procesos ante un sólo problema al que se enfrenta el cerebro de un sujeto en determinado momento.

No se pueden negar los grandes avances en el terreno del *neuromarketing*; sin embargo, ante las enormes expectativas y venta de técnicas como grandes soluciones de la gestión de acciones mercadológicas, esta disciplina no parece dar la respuesta a los mercadólogos y publicistas ni les permite diseccionar ni dejarlos en posibilidad de mover "los cables" del consumidor de forma tan controlada, previsible y objetiva.

Como menciona Nichola Kent-Lemon, "es a través de la observación de la conducta real donde el efecto del contexto puede ser realmente visto. Hay algo que la mayor parte de la investigación en neurociencia lucha por replicar y es, después de todo, la dificultad para medir respuestas fisiológicas de forma precisa, o tomar un escaneo cerebral sin interrumpir o eliminar el contexto natural en el cual dicha respuesta usualmente ocurriría".[11]

2.4 El Constructor Activo De Percepciones

Dice Robert Pepperell que "el mundo en sí no contiene objetos". Es decir, que el mundo —de fuera— es simplemente una masa unitaria de objetos potenciales que, con los aparatos correctos, pueden ser percibidos como cosas separadas y limitadas. El aparato correcto en este caso es el sistema perceptual humano, que absorbe datos sensoriales y los organiza en formas, colores, patrones y categorías específicas de distintos objetos que podemos llegar a reconocer, y por lo tanto a percibir.

Sin llegar al extremo de pensar que solo existen los objetos perceptuales, es un hecho que el consumidor es un constructor activo de percepciones, y no un receptor pasivo.

Si bien muchos objetos de marca existen y nos podemos percatar de ello con algunos de nuestros sentidos —como un empaque, un logo, un anuncio, una página de internet o *tuit* de una marca— y no forman parte de la imaginación del consumidor, la percepción mezcla lo que recibe a través de los sentidos y el contexto, con los procesos mentales internos del consumidor, como la memoria, el aprendizaje, etc. Es por esto que la percepción es construcción, es decir, que una parte es construida por el propio consumidor.

Por ejemplo, ante el precio de un reloj que diversos consumidores ven en una tienda departamental, habrá quien lo considere una ganga, mientras que a otra le parezca muy alto. El estímulo es el mismo, pero el sistema perceptual es diferente en cada persona.

A estímulos iguales, percepciones diferentes. Y en muchos casos, a contextos diferentes percepciones diferentes. Es posible que a una persona se le haga muy caro pagar doce pesos por una botella de agua pequeña en una tiendita, cuando pasea con su bicicleta un domingo. También es posible que a la misma persona le parezca aceptable que la misma botella de agua cueste 26 pesos en un restaurante de buen nivel. Los contextos son distintos.

Continuando con lo anterior, tal parece que el reconocimiento perceptual instantáneo y natural no es parte de una capacidad innata sino que lo aprendemos activamente.

Los puros sentidos no dan como para percibir; es como si tuviéramos los cables de una bocina pero no la bocina. En experimentos que se han realizado y comentaremos más adelante, cuando alguien ha sido privado de un sentido desde su nacimiento, en el momento en que se le da la posibilidad de utilizarlo por primera vez, no logra percibir nada aún.

La vista no está en el ojo, esto lo han detectado por ejemplo con gente ciega, a la cual se le opera y, cuando tiene la posibilidad de ver, no es capaz de percibir ni observar realmente hasta después de cierto tiempo. Es decir, que la capacidad de percibir la vamos aprendiendo, así mismo, los juicios y significados que vamos construyendo trascienden nuestros cinco sentidos.

Según investigadores, la percepción visual ocurre en diferentes etapas, empezando por discriminaciones simples de la forma y el color, y terminando con funciones cognitivas superiores de la memoria, la asociación y el significado.

El mundo es vívido y detallado pero sin significado alguno, vacío de nada más que de sí mismo, lo que le da un sentido o una lógica —nuestra lógica— a lo que captamos por los sentidos es nuestro sistema perceptual. Por otro lado, lo que habitualmente imaginamos como objetos presentes en el mundo exterior son en realidad objetos cognitivos que habitan solo en nuestras mentes.

Por ejemplo, cuando un consumidor va caminando y voltea a ver un cartel de color verde y se imagina un café Starbucks, en realidad lo único que vio fue un cartel verde a distancia. Cuando una persona ve de lejos el color rosa que asocia con las tiendas departamentales de Liverpool o el amarillo de El Palacio de Hierro, en realidad solo observó colores a lo lejos, pero por facultades que tenemos en nuestro sistema perceptual sabemos qué tiendas son y posiblemente hasta hayamos pensado si nos hacía falta algo, o sería agradable pasear y curiosear en ellas, o nos acordamos que necesitamos un pantalón o un suéter.

Otro ejemplo, cuando dos amigos pasan caminando por la calle y uno observa un cartel que le llama la atención, y el otro ni siquiera lo ve y viene pensando y viendo hacia el piso, ante un mismo objeto, se dieron dos procesos perceptuales totalmente distintos. El percepto o constructo perceptual fue totalmente diferente, y esto es lo que ocurre todo el tiempo en los diversos consumidores ante los diferentes estímulos publicitarios y mercadológicos.

Más allá de que estemos de acuerdo con la concepción de que el mundo no contiene objetos, es un hecho que los consumidores se hacen constructos cognitivos de las marcas y todo su alrededor y lo que las rodea. Dichas marcas, como constructos cognitivos en la mente del consumidor, no son reales y el consumidor los manipula y les da sentido conforme a su aparato perceptual. Cuando hablamos de aparato perceptual nos referimos a nuestro proceso interno, el que le da un sentido y significado a lo que captamos y organiza como percepciones.

"Nuestras percepciones difieren cualitativamente de las propiedades físicas del estímulo porque el sistema nervioso extrae solo ciertas piezas de información de cada estímulo, mientras que ignora otras, y luego, interpreta esta información en el contexto de la estructura intrínseca del cerebro y su experiencia previa".
Eric R. Kandel, Jamex H. Schwartz, Thomas M. Jessell.

Además de lo anterior, Robert L. Solso va más allá y llega a separar a la percepción entre nativa o ascendente, y dirigida o descendente. La nativa procesa la materia prima de la visión en su forma más básica y se compone de colores, formas y patrones.

En la dirigida el procesamiento organiza dicha materia prima de acuerdo a la disposición del sujeto, a través de imponer categorías cognitivas que faciliten el reconocimiento y la activación de la memoria e interpretaciones semánticas que alimentan nuestra experiencia constante de conciencia. Es aquí donde aparece el procesamiento perceptual.[2]

"De repente, yo no era un consumidor pasivo de significados, sino un productor activo, dibujando en todos mis recursos cognitivos latentes para recuperar el sentido perdido de coherencia de la que disfrutaba antes".
Robert Pepperell.

En el mundo de las percepciones el consumidor agranda lo pequeño y anula o hace pequeño lo "importante", es decir, la película que el consumidor se hace de las marcas.

Hagamos un ejercicio, pensemos en el momento en que se dio el escándalo en México por el programa inglés sobre automóviles *Top Gear*; en realidad ¿cuánto tiempo hablaron del coche mexicano deportivo Mastretta —por ellos denominado el "coche tortilla"—, y cuánto lo recordó el consumidor y cuánta polémica generó en el público mexicano? A nivel objetivo fue solo un comentario que no duró ni una trigésima parte del programa, y en México fue una noticia viralmente enorme con artículos en los principales periódicos, record de *tuits*, fue *trend topic* en twitter, además se convirtió en un tema de gran discusión entre los mexicanos. Este es un ejemplo de cómo algo que era prácticamente imperceptible para millones de espectadores, se convirtió de la noche a la mañana en algo importante, y de lo cual las personas se formaron percepciones y juicios de valor sin que una gran parte de ellos hubieran visto el programa.

El consumidor puede proyectar percepciones de un tema, opiniones, creencias, y todo tipo de respuestas emocionales cuando sólo lee un artículo, escucha algo o ve un video en *YouTube* de unos muy pocos minutos. Por ejemplo, el comercial de la "chiquitibum" de Carta Blanca, transmitido en televisión en 1986, es uno de los anuncios que algunas personas aún comentan, y eso que el tiempo concreto en que aparecía la modelo no pasaba tres segundos. Por ejemplo, ¿qué ves en la siguiente foto?

¿Viste las flores? ¿Las viste desde un principio?

"Las percepciones visuales son altamente intensificadas y el ojo recupera algo de la inocencia perceptual de la niñez, cuando el sentido —'sensum'— no se subordina inmediata y automáticamente al concepto". Aldous Huxley.

La cita anterior tiene relación con el argumento sostenido por varios investigadores de que tener capacidad de ver no significa necesariamente que tenemos capacidad de percibir. En la cita de Huxley se habla de "inocencia del ojo", pero en realidad el ojo no pierde inocencia —si es que pudiéramos afirmar que la tiene— sino que las experiencias, la memoria, el aprendizaje, los juicios de valor y otras facultades hacen la gran diferencia.

Es probable que cuando un niño mire una taza de café la

llegue a percibir como una bebida de adultos, mientras que un adulto recuerde ciertas vivencias, debido a que el olor despierta en él la imaginación de lugares, el recuerdo de un viaje o de su infancia, etc. En este caso el sentido del olfato y el bagaje que tiene la persona, es decir, su experiencia, forman su percepción.

Si reconocemos que acontecen este tipo de percepciones en los consumidores, tenemos que aceptar que es de extrema relevancia en el mundo de las marcas y la publicidad el hecho de poder darle giros a las percepciones de los consumidores, pero para esto debemos de conocer cómo percibe el consumidor. Y es lo que trataremos en el libro.

2.5 ¿Percepto O Precepto?

En nuestros días se habla frecuentemente de la era digital, de las redes sociales, y de términos de marketing como conexión, engagement, lealtad, conversación, marketing 2.0 y luego 3.0, de la publicidad; unos de la caída de la TV u otros de la integralidad y el sentido holístico del marketing.

En realidad, solemos hablar mucho de los "instrumentos" para hacer marketing y no tanto de lo que se tiene como principal fin que es cambiar percepciones. Ya sea para posicionar marcas o para reposicionarlas, para que el consumidor perciba valor por el dinero, que relacione un coche con el estatus, se proyecte usando una marca de playera, que vea una serie de TV y tenga una experiencia superior de entretenimiento, o que una categoría de producto emocione más y sea vista como más divertida, siempre buscamos lograr un giro o cambio de percepción en los consumidores o en nuestra audiencia.

Solo recordemos que hace años, cuando brandy Azteca de Oro a través de su publicidad quería cambiar la percepción del consumidor mexicano, en cuanto a que un brandy hecho en México no tenía nada que pedirle a un brandy español. Old Spice se propuso regresar a la curva del crecimiento a través de no ser vista como la "marca del papá" o "del abuelo". También, hace años, Aca Joe se propuso recuperar terreno en el mundo de la ropa casual en México de la cual fue pionera. Otro ejemplo es cuando México se fijó como objetivo reposicionarse ante el mundo para ser percibido de forma más positiva y aspiracional desde que la inseguridad se acrecentó.

Estamos en el negocio de los giros perceptuales.

Cuando hablamos de esto, no podemos dejar de pensar que las percepciones del consumidor son constructos, preceptos.

Percepto significa "el objeto tal como lo percibe el sujeto".[3]

Tomando como referencia dicho concepto, nuestra encomienda como mercadólogos, gestores de marca, publicistas, investigadores, publirrelacionistas, antropólogos y estudiosos del comportamiento del consumidor, es generar cambios en los perceptos de los consumidores, compradores, audiencias y ciudadanos. Este no es un término muy utilizado en marketing pero ejemplifica muy bien si pensamos que con "giros perceptuales" lo que buscamos es la gestión de un objeto para que sea percibido de cierta forma en el sujeto.

Claro está que desde el punto de vista ético, las marcas deben comprometerse a buscar la satisfacción de las necesidades y los deseos del consumidor a través de ofrecerles productos de calidad, y otorgándoles un valor por lo que paga (y obviamente un margen de utilidad para su fabricante).

Las marcas líderes y las más valiosas para los consumidores

no se pueden sustentar en productos malos o mediocres, esto nos lleva a pensar que toda marca debe ofrecer alta calidad —teniendo clara una definición de calidad *ad hoc* al público objetivo y a su propuesta de valor— ya que lo que el consumidor está dispuesto a pagar por lo que recibe. Sin embargo, lo que hace que marcas como Apple, Google, Facebook, Bimbo, marcas de lujo como Hermes y Prada, o algunas más alcanzables como Walmart o Bodega Aurrerá sean tan valiosas, se debe al deseo del consumidor, su costo —no solo económico— y lo que éste percibe en las cosas.

Otro de los conceptos interesantes sobre lo que es un percepto viene más de la filosofía y el arte. Por ejemplo, Gilles Deleuze plantea que los conceptos pertenecen a la filosofía, mientras que los perceptos al arte. Siguiendo con el mismo autor, él plantea que los perceptos son diferentes a las percepciones y que el artista que busca construir "un conjunto de percepciones y de sensaciones que sobreviven a aquél que las experimenta".[14]

En ese sentido, los mercadólogos y publicistas también seríamos como artistas; cambiar percepciones del consumidor, hacer que piense o sienta algo distinto de una marca conocida, de verla menos vieja, de aspirar a tenerla, etc, es la labor del mercadólogo y la más difícil del *marketing*.

En realidad estamos muy poco acostumbrados a utilizar la expresión percepto y nos es más familiar hablar de percepciones, imágenes y posiciones que las marcas ocupan en la mente del consumidor.

«Precepto» tiene otro significado, al que también estamos acostumbrados en el marketing, y se trata de "un mandato o una orden que el superior hace observar y guardar al inferior o súbdito",[15] que lo llegaríamos a asociar más con el viejo marketing donde existía una relación vertical y jerárquica de las marcas hacia el consumidor, y donde éste aún no era tan poderoso como lo comenta Kotler en su libro Marketing 3.0.

Hoy en día es muy distinto, tenemos un consumidor empoderado, y existen mercadólogos que han llegado al extremo de decir que ya no se pueden gestionar marcas, sino encauzarlas porque el consumidor dicta su dirección. Es un hecho que el consumidor ha cambiado, busca interactuar con las marcas, se siente más empoderado, y en muchas categorías de producto le sobran marcas, alternativas para escoger.

Otra definición ronda por la idea que normalmente utilizamos: precepto es "cada una de las instrucciones o reglas que se dan o establecen para el conocimiento o manejo de un arte o facultad".[16] Es un concepto mucho más utilizado en el mundo de la religión, las leyes y el derecho canónico.

Al final, precepto nos habla de mandatos, órdenes e instrucciones establecidas, algo muy lejano de lo que es la administración de las percepciones. Y hoy como mercadólogos estamos lejos de "preceptuar" a las marcas o a los consumidores. Usar preceptos ejemplifica bien el viejo *marketing*, y construir perceptos de la mano del consumidor, el nuevo.

2.6 ¿Porqué Es Importante Conocer El Funcionamiento De La Percepción?

La idea de este libro surgió después de pensar que en realidad estamos en el negocio de instaurar o cambiar percepciones en los consumidores, a través de posicionar marcas, instituciones o personas, y publicitarlas o lanzar estrategias de todo tipo de comunicación.

En un mundo tan cambiante como en el que estamos, y tan líquido (como diría Zygmunt Bauman), tan saturado de estímulos de marcas, cada vez es más difícil cambiar percepciones a través de la publicidad o por cualquier medio; por eso las marcas tienen que buscar nuevas formas y mecanismos de hacerlo y reconocer que no tienen el control —más bien es como la corriente de un río que no puedes frenar ni cambiar su dirección sino únicamente encauzarla—, pero sí la capacidad de desarrollar estrategias para dar giros perceptuales.

Cuando hablamos de mundo líquido —concepto que expuse en el libro *#Efecto Mezcal*— me refiero a un consumidor más fluctuante, caprichoso, que en ocasiones cambia fácilmente de marca y que es menos leal, que está en constante movimiento. Esto coincide con el análisis de Bauman cuando habla de conceptos de que actualmente la velocidad prevalece sobre lo duradero, las formas de actuar con cambios constantes que no dan pie a la consolidación, y la búsqueda de lo desechable en vez de lo perdurable.

> *"La eternidad es evidentemente la gran marginada en este proceso. Pero no así el infinito: mientras dura, el presente puede estirarse más allá de todo límite y dar cabida a todo aquello que antaño se esperaba experimentar únicamente en una situación de plenitud temporal".*[17]

Bajo la nueva realidad del mundo del consumo me

pregunto: ¿la publicidad tuvo tanto poder para crear en algunos mexicanos la percepción de que Enrique Peña Nieto, siendo candidato presidencial, era efectivo para gobernar? ¿Acaso fue la publicidad la que transformó la percepción antigua que se tenía de Coca-Cola, hace algunos años, por otra que la muestra vigente, universal y valiosa?

Con frecuencia atribuimos los giros a buenas o malas campañas publicitarias; sin embargo, es un hecho que los cambios de percepción trascienden el ámbito de la publicidad. Hoy estamos llenos de casos de marcas que instauraron percepciones y paradigmas en los consumidores sin hacer uso de publicidad, como Starbucks, Amazon, Mercadolibre.com, Netflix, Cinépolis y muchas más.

En realidad, hay muchas fórmulas para cambiar percepciones. Más allá del éxito de las campañas publicitarias en diferentes medios, la publicidad no es un tema central en la vida de los consumidores, ya que éstos se enfocan en los aspectos más relevantes para ellos: la familia, la pareja, los amigos, el deporte, los estudios, el trabajo, el relajamiento y descanso, sus posesiones, sus aspiraciones y planes, etcétera.

A veces nos olvidamos de este hecho, y al estar envueltos en el entorno del marketing y la publicidad creemos que las marcas son cruciales para la vida de los consumidores, y que —salvo algunos casos— en realidad existen las «lovemarks».

Términos tan utilizados como "marcas de culto", "las marcas como tótems", el "amor a las marcas", o el que las marcas suplen a instituciones de valores era algo muy escuchado hasta hace muy pocos años. Sin embargo, hoy no es algo de lo que se hable mucho ni esté en el foco de la estrategia de construcción de marcas.

El mundo digital, la férrea competencia, la tecnología, la necesidad de que las marcas generen contenido que conecte con el consumidor todo el tiempo, y la aparición de marcas sustitutas de otras categorías de producto ha creado un nuevo tablero de marketing, donde es más valorado el "mundo Google" o Apple, que lo que representó alguna vez el "mundo Marlboro". En definitiva, el paisaje marcario ha cambiado.

Quizá en la historia reciente del marketing hemos transitado por dos extremos: por un lado, el "Viernes Negro Marlboro" sucedido el 2 de abril de 1993, cuando dicha marca decidió bajar sus precios un 20% para contrarrestar a sus competidores genéricos y, por el otro, el lanzamiento del libro "No Logo" a fines del siglo anterior, donde se vaticinaba que por las malas prácticas y comportamientos de marcas y corporaciones, éstas estarían en grandes problemas.[18] En esta misma línea se halla la publicación del libro LoveMarks de Kevin Roberts y otros autores; un hecho con una fuerte carga simbólica.

Algunos afirmaban que el consumidor llegaría a tatuarse los logos de las marcas en la piel, debido a su gran amor hacia alguna; asimismo, situaban a algunas marcas como las nuevas dotadoras de valores de la sociedad de consumidores. Otros, desde una óptica pesimista, hablan de un hiperconsumidor no de marcas sino de personas, y ejemplifican escenarios como el de *1984*, de George Orwell, o el de *Un mundo feliz*, de Aldous Huxley, donde los consumidores son autómatas y las marcas inventan necesidades que el consumidor adopta ciegamente.

Si bien las anteriores posturas son valiosas en tanto han marcado una época, el presente y futuro se tornan diferentes. Mi punto de vista, tomando como base las tendencias actuales, es que sí existen marcas que han creado un gran valor, que lo han mantenido exitosamente, que conectan con el consumidor por afinidad y empatía, y que no desaparecerán.

Sin embargo, si escuchamos el discurso natural de los consumidores, éstos están más preocupados por cumplir deseos, tener seguridad, tener empleo, poder ir de vacaciones, dar buena educación a sus hijos, autorealizarse y avanzar en sus vocaciones y profesiones, ser reconocidos, tener una pareja sensacional y más, y, dentro de este terreno, las marcas son vehículos para lo anterior, no son lo prioritario en sus vidas.

Lo importante en el mundo del *marketing* es buscar mecanismos para instaurar o cambiar percepciones en la mente del consumidor. Es un hecho que en el mundo actual, saturado por las marcas, pasan desapercibidos la mayor parte de los estímulos publicitarios y nuestra percepción hace uso de constructos totalmente incompletos de los estímulos mercadológicos. A pesar de esto, llenamos al consumidor de datos, beneficios, atributos, imágenes y emociones proyectadas.

Por otro lado, el consumidor tiene un límite con respecto a lo que puede captar con los sentidos. No por bombardearlo con anuncios va a recordar más, percibir más o recitar más mensajes o beneficios. Es como si fuera un tinaco de 1,000 litros que aunque sobrepasemos 10, 100 o 1,000 el límite de su capacidad, ésta sigue siendo de 1,000 litros; por consiguiente, el sobrante siempre se derramará, teniendo como resultado un total desperdicio.

En ocasiones, el consumidor pone la percepción en off. Muchas veces utilizamos la premisa de que los consumidores leen, escuchan, huelen marcas completas y piezas marcarias completas (marcas con la totalidad de sus componentes: logos, colores, publicidad, canales, experiencias, precios, etc), ya sea a través de un anuncio, logotipo, jingle, empaque, promoción, etcétera. En realidad la percepción no funciona de esta forma, esto podría hacer que tomemos una aproximación diferente de lo que desarrollan las marcas como iniciativas en la actualidad.

El propósito de este libro es meternos al detalle de la conciencia y la percepción del consumidor y su funcionamiento, para aproximarnos al tema de forma diferente y lograr mejores resultados para las marcas y su valor.

Por otro lado, la recordación del consumidor correcta y específica es un mito. La recordación de los posibles beneficios que podrían llegar a los consumidores mediante tasas de interés preferenciales, minutos gratis, porcentaje de enganche, pesos por minuto, *checklist* de ingredientes de una bebida o alimento quedan prácticamente en el olvido de éstos. Los consumidores, después de todo, sólo recuerdan generalidades —que no es poco—, o las olvidan con el tiempo. Esto no le resta mérito a las marcas, ni a quienes las gestionan, sino que provee de realidad a nuestra función de mercadólogos.

A pesar de lo anterior, seguimos utilizando la misma fórmula, no solo en la televisión sino en gran cantidad de medios. Por la misma fórmula me refiero a tener varios de los siguientes preceptos:

- Que ganar *Top of Mind* de publicidad garantiza una mejor percepción y resultados económicos.
- Que a mayor información, beneficios y atributos comunicados convenceremos más al espectador,

como si se tratara de una competencia donde el que tenga más evidencias y datos ganará.
- Que la televisión es el medio más deseable de ver y el más efectivo, y si uno no está presente en ella es un caso perdido.
- Que la persuasión tiene un efecto inmediato y hace sonar la caja registradora instantáneamente.
- Que la visibilidad y que el consumidor vea un anuncio es lo más importante.

Como mercadólogo o publicista ¿cuántas veces has saltado de alegría porque el 30% de la muestra de un estudio de mercado recordó el mensaje que intentabas comunicar, o que dos de cada diez consumidores lograron memorizar el eslogan de tu marca después de miles de GRPs, en decenas de medios publicitarios y durante meses o años?

¿Cuántos consumidores hablan espontáneamente de todos los beneficios que provee una pasta dentífrica? ¿Cuántos saben cuántas calorías tiene un refresco en comparación de un jugo, un chocolate o un yogurt líquido?

2.7 La Suma Importancia De La Percepción En El Mundo De Las Marcas

Autores tan importantes en el mundo del *marketing* como Kotler y Keller (2006) manifestaron la importancia de entender cómo son percibidas las marcas por los consumidores y el impacto que la estrategia de identidad de marca tiene en las percepciones de los mismos.[19] Ellos la explican como una imagen que se tiene de la marca, una percepción subjetiva de ésta y sus atributos en relación con otras marcas. Como bien sabemos, esta imagen percibida no pertenece al producto o al objeto como otros denominan, es la propiedad de las percepciones mentales del consumidor y en ocasiones puede ser muy diferente de las características físicas verdaderas del producto.

La literatura demuestra que no es sólo la estrategia de identidad de marca, creada por la empresa u organización, sino también las percepciones mentales del consumidor las que impactan efectivamente en la forma en que las marcas son percibidas. Es muy diferente la imagen que tiene en mente el consumidor sobre la cadena de cafeterías Vips, a la que ésta ha intentado transmitir a través de diversos medios de comunicación.

La brecha entre las dos concepciones mencionadas es muy conocida y es algo en lo que los mercadólogos siempre trabajan. Por ejemplo, ¿qué imagen han proyectado marcas como brandy Presidente, ron Bacardí, vodka Absolut y otras más?, ¿de qué forma son percibidas? Cuanto más pequeño sea el espacio o *gap* entre la imagen percibida de la marca y la identidad que la empresa proyecta sobre la misma, mayor éxito tendrá la estrategia publicitaria. Los mercadólogos normalmente se centran en tratar de cerrar dicha brecha.

Por otro lado, el proceso de *branding* o de construcción de marcas involucra la creación y el ordenamiento de estructuras mentales al ayudar a los consumidores a organizar su conocimiento sobre los productos de una forma que clarifique y los ayude en su toma de decisiones y al proveer valor a la organización. Si gestionamos bien las percepciones de los consumidores les ayudamos a tomar decisiones de compra de forma más fácil y clara.

Kotler and Keller explican que la percepción es el proceso por el cual un individuo selecciona, organiza e interpreta inputs de información para crearse una imagen del mundo con significado.[20] Como mencionamos anteriormente, la percepción no solo depende del estímulo físico sino también del estímulo que se relaciona con su alrededor y las condiciones del individuo. Es percibido de forma muy diferente un concierto del grupo ochentero alternativo "New Order" en el festival juvenil Corona Capital de la Ciudad de México, que el mismo grupo con la misma música en un festival donde tocan otros grupos ochenteros.

Aaker fue pionero en proponer un medio para calibrar el valor de marca basándose en el consumidor. Él sostiene que el valor o equidad de marca es medida a través de lo que los consumidores perciben con respecto a la lealtad hacia la marca, conciencia del nombre de ella, calidad percibida, asociaciones y otros activos propios que tiene.

Aaker que ha sido una autoridad en el mundo del *marketing* nos habla de que el valor de una marca está en función de percepciones del consumidor, ya sean estas referidas a la marca, a su mundo asociativo o a su calidad. Dándole también un peso importante a por lo menos saber que existe o conocer a la marca.[21]

En el presente libro haremos primero una revisión teórica con autores relevantes de la actualidad para entender el proceso de la percepción y su funcionamiento. Posteriormente, expondremos una serie de sesgos perceptuales que suelen tener los consumidores, y finalmente plantearemos algunas recomendaciones y posibilidades para cambiar percepciones con base en estudios y a mi experiencia en este tema.

Ahora bien, antes de continuar debo señalar que en mis investigaciones he encontrado algunos mitos que tenemos los mercadólogos hacia lo que los consumidores suelen percibir, y que iremos tocando a lo largo del libro.

MITO 1. El principal agente de cambio de percepción de una marca es la publicidad. Cuando quieras dar un giro de percepción necesitas automáticamente publicidad.

MITO 2. Las percepciones cambian automáticamente por asociación con algo "aspiracional" para el consumidor. Por ejemplo, si ponen una edecán en un evento de marca o muestreo, o un hombre poderoso con un coche y un reloj caro, o una modelo atractiva en un anuncio, por asociación el consumidor relacionará marca- atractiva-aspiracional.

MITO 3. La mayor parte de los consumidores quieren tener una relación con tu marca.

MITO 4. Las percepciones de los consumidores sólo se forman cuando éste capta conscientemente lo que introyecta de un estímulo. Las percepciones se forman cuando conscientemente capto algo de una marca con mis sentidos.

MITO 5. Existe una dicotomía entre percepción y realidad. Comunicar realidades por si solas hace que las percepciones cambien.

MITO 6. Si transmito más información, beneficios y evidencias tengo más posibilidad de que el consumidor se acuerde de mi marca y en consecuencia la compre.

3. UNA REVISIÓN TEÓRICA ACERCA DE CÓMO PERCIBIMOS Y DE QUÉ SOMOS CONSCIENTES

No vemos todo nunca, vemos parte y no estamos totalmente atentos, nosotros lo completamos y le damos un sentido. Es decir, percibimos.

3.1 La Percepción Se Basa En Algo Incompleto

"Ningún hombre es una isla entera por sí mismo. Cada hombre es una pieza del continente, una parte del todo".
John Donne.

En ocasiones, los mercadólogos estamos tan enfocados en pensar en la mejor forma de administrar las 4 Ps (precio, plaza, producto, promoción) y las 3 Ps más recientes (personas, procesos, ambiente físico —Physical environment—) de una marca de productos o servicios, que olvidamos la afirmación de Norman Cameron respecto a "hacer deducciones con base en evidencias incompletas e incluso saltar a conclusiones que no pueden ser garantizadas no son necesariamente procedimientos anormales en los consumidores".[22]

Lo sabemos también en el mundo del marketing donde nunca se puede esperar a tener todas las piezas completas para tomar decisiones.

Si aplicamos lo que plantea Cameron a las percepciones, el consumidor saca conclusiones, deduce cosas y las percibe con base en evidencias incompletas. En ocasiones hay quienes piensan que la publicidad cambiará el punto de vista sobre una marca, que una promoción o el lanzamiento de un despampanante anuncio de un minuto que se transmite en un cine hará que el consumidor corra a querer probarlo, o se dé cuenta de que los que no consumen una marca son poco cool o atractivos para los demás.

En realidad hay una gran cantidad de publicidad a la que el consumidor se expone cotidianamente que tiene ese "carácter fragmentario" o de la que únicamente registra fragmentos; se trata de una captación incompleta del estímulo que frecuentemente tiene el consumidor. Este no consume totalidades de estímulos sino solo fragmentos.

Como lo plantea el neurocientífico David Eagleman, a través de nuestros sentidos captamos lo que viene de nuestro exterior, algo caracterizado por objetos, formas y estímulos sin lógica aún desordenados. Aunado a lo anterior, hacemos uso de nuestra memoria, aprendizaje y otros procesos mentales, y les damos forma llegando a percibir algo, le damos un significado. Es decir que lo externo es solo una parte, y que con los procesos internos del consumidor se conforman las percepciones.

Cuando percibimos algo, completamos lo incompleto, le damos color e imagen a un *spot* de radio que solo era sonido —fenómeno de sinestesia descrito por Eagleman— y sentido a un pequeño fragmento de lo que recordamos conscientemente de un anuncio. La sinestesia consiste en experimentar lo que solemos sentir con un sentido (escuchar una canción) y al mismo tiempo vivirlo con otro u otros de nuestros sentidos (escuchar una canción y al mismo tiempo tener sensaciones olfativas como de aromas de madera, tierra y bosque). Lo que es atribuible a un sentido lo vivimos también con otro u otros.

El fenómeno de la sinestesia es interesante porque nos habla de las frágiles fronteras entre los sentidos y de su relación.

"La sinestesia representa una mezcla de sentidos, y puede ser que escuchar música te evoque colores, puede ser que escuchar una palabra te sugiera un sabor en la boca, saborear algo puede hacer que sientas una determinada sensación en las yemas de los dedos, así que hay muchas formas distintas de sinestesia. La gente que tiene orgasmos en colores, sólo es una entre muchas formas de sinestesia. Para algunas personas son las letras y los números los que provocan colores. Para muchos, son los días de la semana y los meses los que causan la percepción del color".[23]

Este concepto forma parte de lo que hoy sabemos de

la percepción, de que captamos elementos incompletos con diversos sentidos y los completamos con nuestra mente.

No vemos todo nunca, volteamos quince segundos a ver un SMS, leemos solo el encabezado de un espectacular cuando vamos en coche, vemos de reojo la publicidad de una marca en una revista, y escuchamos un spot de radio mientras nuestro hijo nos pregunta cuanto faltaba para llegar a la escuela.

Y tu, ¿podrías recitar uno de los spots de radio que escuchaste esta mañana en el coche? ¿Podrías detallar las escenas del comercial que más recuerdas? ¿Cuántos eslóganes de marcas has escuchado en la última semana, cuántos me puedes nombrar completa y correctamente, y de cuántos más me puedes decir cuál es su significado sin poder nombrarlo por entero?

Y a pesar de todo lo anterior, tenemos percepciones de ese anuncio, ese espectacular, ese anuncio impreso y *spot* de radio.

3.2 Descarga Incompleta, Percepción Completa

En realidad ahora sabemos que la percepción en los consumidores se asemeja a cuando descargamos un archivo de internet a nuestra *laptop* o tableta, tenemos un montón de estímulos fuera y sólo descargamos a nuestra conciencia, percepción y memoria una pequeña parte de lo que hay afuera. Es como si hubiéramos tenido una descarga muy incompleta de un archivo, sin embargo, para nuestra percepción es completa y la encuadra, encaja la información y se hace una película completa.

Podemos haber recibido sólo una parte del estímulo, haber

escuchado un comercial de tele sin verlo, haber leído el encabezado de un anuncio, haber visto la foto de un banner de internet sin leer el texto. Así operamos.

Los consumidores reciben y perciben trozos de publicidad, con el tiempo se desdibujan en muchos casos las marcas, los eslóganes, olvidamos qué marca decía qué; un comercial se mezcla con el recuerdo de una imagen, foto o momento. Nuestra mente es como un DJ que en vez de mezclar sonidos y canciones, hace una mixtura de marcas, estímulos, asociaciones, sentimientos, datos, memorias, y recuerdos de cosas no vividas en realidad.

Este hecho no debe desesperanzarnos; ante este fenómeno, es importante entender cómo funciona la percepción y qué percibimos sobre las marcas. Lo que en ocasiones vemos como un error del consumidor al adjudicar un anuncio a una marca incorrecta, más que una falla, en realidad nos demuestra la forma cómo funciona su sistema perceptual y su árbol de asociaciones y conexiones.

No hay percepción mala. En ocasiones escuchamos frases aisladas de algo que nos dice una persona o el anuncio de una marca y nosotros deducimos el resto ya sea a través del contexto, de lo que recordamos o aprendimos, o de lo familiar que es el tema para nosotros.

Perdemos de mucho contenido que no nos interesa por algún motivo, o que no queremos ver o escuchar, aunque este sea visible y audible. En muchos momentos, de hecho, con lo que tenemos en nuestra mente nos anticipamos, tomamos decisiones y nos conducimos a partir de esa información verdaderamente incompleta.

Lo anterior también se aplica a la memoria, en el sentido

de que recordar no es solo como "darle *retrieve*" a lo recordado, sino también reconstruir hechos y huellas que tenemos en la memoria, ser selectivo, y muchas veces crearla y construirla. Es decir, que también la memoria se construye con base a una mezcla de hechos parciales o trozos de hechos que son reconstruidos y creados sumando otros procesos mentales y emociones. O sea, que no solo la percepción es construida sino también la memoria, que más que recuperarla la estamos construyendo.

J. Jacoby y W. D. Hoyer a partir de sus investigaciones han llegado a tres conclusiones contundentes: 1) una gran proporción de la audiencia malentiende la comunicación transmitida en la televisión comercial, 2) ningún tipo de comunicación, contenido de programa o publicitario, es inmune a la mala comprensión y 3) un promedio de 30% del total de la información es malentendida.

En el mismo sentido, tal como menciona Richard Lutz "tal parece que los sujetos traducen información objetiva de marcas en percepciones subjetivas de una forma sistemática".[24] Asimismo, han encontrado que existe un impacto más grande en la información negativa que en la positiva en cuanto a la estructura cognitiva y las actitudes.

Tal parece que la información negativa pesa más en las percepciones. Esto lo vemos aun con más énfasis en el contexto actual cuando los consumidores tienen nuevos medios de comunicarse con otros consumidores y con las marcas a través de las redes sociales.

En fin, no se trata de que exista percepción mala o incorrecta porque esta sea subjetiva e invente elementos que en realidad no existen o que son realidades parcializadas, sino que toda percepción es genuina, real y correcta para el individuo.

3.3 La Compra Afectivizada

No podemos seguir con la "sobresimplificación" del cerebro como emocional-racional, hemisferio derecho-hemisferio izquierdo, ya que es algo mucho más complejo. Hay más de dos facetas involucradas, y éstas están conectadas.

Hace un tiempo, decir que detrás de la compra de una marca existían raíces emocionales parecía algo esotérico, poco serio, sin fundamento alguno y nada científico. En nuestros días, a través de innumerables técnicas que van desde laboratorio, escaneos cerebrales, respuestas fisiológicas, faciales, cuantitativas, etc., el componente emocional y su influencia en el comportamiento y la conducta del consumidor es algo innegable.

Como dice E. Fernández Porta al hablar del nuevo capitalismo emocional: "el capitalismo, que en sus orígenes, no tenía corazón —apenas un marcapasos, que bombeaba cash y flow—, en su fase más avanzada rellena el marcapasos de sentimientos, y empieza a bombear, por todo el sistema circulatorio, junto con el dinero, sentir". Y continúa, "los productores intentaron, y lograron, convencer a sus consumidores de que sus adquisiciones no eran cosas sino afectos".[25]

Aunque varios vaticinaban que con las crisis económicas —del 2001 y 2008— la burbuja del mercado afectivo se iba a romper e íbamos a tener un regreso al consumidor mesurado, racional y consciente, esto no fue así. En realidad las respuestas han sido múltiples.

Sí existió, sobre todo en un principio, la emergencia de un consumidor más consciente de sus gastos, sin embargo no desapareció la búsqueda del lujo, de productos *premium*, de artículos de tecnología costosos y marcas fuertemente afectivizadas. Es decir, que la compra de marcas con base en los afectos o emociones que le proporciona y le hace experimentar al comprador o consumidor no cesaron. La parte intangible y emocional de las marcas siguió conservando un enorme mercado; esta burbuja nunca se rompió.

El mercado del lujo ha crecido en países emergentes donde ha aumentado el poder adquisitivo de un importante segmento de la población, tal es el caso de China, India, Rusia, Brasil o México (éste último es el mayor consumidor de marcas de lujo y espectáculos globales de alto nivel y precio en América Latina). Asimismo, continua siendo importante en países que no fueron afectados de forma importante por las crisis económicas. No obstante, en Grecia o España sí han impactado en el consumo de una serie de artículos, bienes y marcas de lujo, pero se preveé que sea algo transitorio.

Algo muy relevante en el mercado afectivo es que con los nuevos medios y plataformas —desde *smartphones*, redes sociales, Skype, tabletas, computadoras, etc.— ha aumentado la mediación emocional, es decir, que existe una gran cantidad de afectos que transmite el consumidor ahora de forma virtual, y esto ha generado un gran cambio. *Emoticons* (de amor u odio), fotos, canciones, videos, *posts* y mucho más son utilizados para transmitir emociones, las cuales han impactado en la forma en que percibimos y conformamos nuestras percepciones.

> *"El imperio de la mediación afectiva es el conjunto de tecnologías, canales e instrumentos de proyección que contribuyen necesariamente a establecer y consolidar un vínculo emocional, otorgándole consistencia simbólica y significación social".*[26]

En nuestros tiempos es más importante el EQ (Emotional Quotient o cociente emocional) que el IQ (Intelligence Quotient coeficiente intelectual). Existe, en general, un nuevo orden relacional donde se da una estructura de sentimiento en el cual los opuestos pueden converger. Escuchamos términos como "contabilidad afectiva", "racionalización sensitiva" o sobre emociones que se miden mejor que nunca (o se transmiten "mejor" mediante *emoticons*).

Deseamos que todo entre por los sentidos *"a full"*, el 4D. Buscamos la realidad aumentada o hiperrealidad donde se viven nuevas sensaciones, la tecnología que converge con las emociones, el cálculo emocional, las aproximaciones financieras de la vida íntima y los datos, y, hasta nos interesan los números de la vida amorosa, etcétera.

Industrias enteras ahora hablan en tono emocional. Este tema impacta notablemente sobre el mundo de las percepciones y la conducta del consumidor. Tenemos nuevas herramientas para enviar y recibir emociones y esto influye en cómo las percibimos y las sentimos. Es relevante que nuestras emociones y estados de ánimo repercuten en la percepción que tenemos de las cosas.

3.4 En Breve: ¡Es Tan Selectiva La Atención!

El procesamiento de la información comienza cuando el consumidor está expuesto a una búsqueda externa o simplemente a un estímulo de fuera. Primero, el consumidor se expone a algo —de forma aleatoria o deliberada. Después viene el proceso de atención, donde el consumidor puede tener un involucramiento bajo o alto (es un proceso selectivo, el consumidor atiende algo y desatiende otras cosas). En tercer lugar, está la percepción vinculada con el proceso de interpretación y comprensión; aquí se genera una motivación alta o baja y se conforman expectativas de algún tipo en los consumidores.

Al final se presenta un proceso de memorización y retención, donde entran en juego la memoria de largo, mediano y corto plazo, las experiencias de solución de problemas archivados, valores, decisiones, reglas, aceptación, y sentimientos. Una vez finalizado este proceso puede llegar a configurase una imagen de marca.

Detengámonos en el proceso de atención. Respecto a este asunto Kotler y Keller han encontrado lo siguiente:

- Es más factible que la gente se dé cuenta y note los estímulos que se relacionan con una necesidad que tiene; por ejemplo, si estoy buscando comprar una bicicleta es factible que esté más atento a otras bicicletas, anuncios de bicicletas, tiendas de bicicletas en mi colonia, revistas sobre bicicletas y que me acerque en una reunión cuando alguien habla sobre el tema.

- Es más fácil que los consumidores noten un estímulo que anticipan. Por ejemplo, una persona a punto de tomar vacaciones en la playa centra su atención en ropa ligera, chanclas, agencias de viajes, revistas de viajes, etcétera.

- Es factible que la gente se percate de un estímulo cuyas desviaciones sean grandes en relación al tamaño normal de los estímulos. Es decir, que si un objeto es muy distinto o se distancia mucho de como normalmente son ese tipo de objetos (en cuanto a dimensiones, colores, materiales, etc.), es más probable que capte la atención; por ejemplo, si vemos una escultura grande hecha de botellas de una marca de agua, unos zapatos rosa, una persona que se viste de traje y llega a la oficina y llega a la oficina de patines. Lo anterior se desvía de las esculturas, colores de zapatos y atuendo que utilizan los oficinistas, que estamos acostumbrados a observar. Por otro lado, la conciencia despierta y entra la percepción cuando algo nos incomoda o rompe con nuestros hábitos más arraigados. Esto no solo se aplica al tamaño. ¿Has intentado tomar un camino totalmente diferente del que acostumbras utilizar para llegar a un lugar cercano? Somos seres de hábitos.

- El mismo individuo puede mostrar diversos niveles de atención al mismo estímulo en diferentes situaciones. Por limitaciones de la capacidad de procesamiento los consumidores prestan atención selectivamente a los mensajes. Es posible que cuando necesites un producto o servicio, te encuentres muy expuesto y atento a logotipos, anuncios o a la publicidad de empresas pertenecientes al rubro comercial que buscas. También es posible que un mes después ya no notes dichos anuncios, logos y agentes.

Como plantea David G. Myers, la atención selectiva significa que "centramos nuestro interés en un aspecto único y limitado de todo lo que experimentamos". Es algo tan importante para la forma en que el consumidor percibe las cosas, que lo que filtra el consumidor de todo a lo que está expuesto al exterior es enorme. Para darnos una idea: "nuestros cinco sentidos ingresan 11,000,000 bits de información por segundo, de los cuales procesamos de forma consciente unos 40".[27]

A pesar de lo anterior, Myers manifiesta que hacemos mayor uso de los bits que no captamos de forma consciente; por ejemplo, si de repente pensamos que nuestro cinturón está ajustado, inevitablemente centraremos nuestra atención en éste. Los autores e investigadores de psicología Gestalt nos han mostrado innumerables ejemplos de situaciones donde vemos una figura geométrica o imagen, y cuando nos indican que en la misma existe otra y nos dicen cual es, de repente vemos otra figura adicional sin llegar a percibir la primera; es decir que alternamos figuras.

Como la famosa imagen Gestalt de las dos caras de perfil y la copa (o vemos la copa o vemos las dos caras), o los dos triángulos y los tres círculos, o varios de los cuadros de Escher.

Hoy en día cuando un adolescente ve de reojo la televisión,

y al mismo tiempo alterna escuchando música, enviando un mensaje SMS, revisando si su nueva *app* está bajando correctamente en su *smartphone* y teniendo su cuaderno abierto porque está haciendo la tarea. Lo que ocurre es que la atención selecciona y alterna objetos que llega a percibir en un clima como el actual, de déficit de atención (no como trastorno, sino como realidad ante el exceso de estímulos).

En conclusión, poseemos una atención que escoge y hace una muy pequeña selección de estímulos de marcas que afecta nuestra percepción de las cosas; sin embargo, advertimos muchas más cosas de las que atendemos conscientemente.

> *"¿Pueden afectarnos los estímulos que no advertimos? No hay duda de que sí".* Myers.

En algunos experimentos que han realizado psicólogos e investigadores se ha encontrado que los estímulos que fueron imperceptibles para las personas en determinado momento pueden tener efectos posteriores en dichos sujetos, por ejemplo, en su memoria o comportamiento. Aunque investiguemos el comportamiento del consumidor con una diversidad de técnicas y metodologías, es inevitable que se nos escapen procesos mentales, cuya influencia se manifestará en el futuro sobre su conducta. Lo que no se llega a captar con la atención selectiva, también repercute en los patrones de consumo de la gente.

3.5 Las Percepciones No Se Hacen "En Abstracto" Sino En Un Contexto

¿Será más fácil empezar de cero con una marca que no tiene percepción aún en el consumidor, o darle un giro a una marca existente que necesita cambios?

Por momentos se suele pensar que en el terreno del *branding* o de la construcción de marcas, es mucho más fácil insertar en la mente del consumidor una marca que inicia de cero, es decir, que aún no tiene un mundo asociativo ni propio creado por ella, que cambiar la percepción de una ya existente. Esta idea se sustenta en la creencia de que con una marca nueva no hay confusiones, percepciones que no encajen con la realidad del producto, o que otras marcas o asociaciones puedan contagiar o empapar (por ejemplo, un yogurt por ser yogurt es percibido como sano, cremoso y más ideal para desayuno o cena).

Se suele tener la premisa de que las marcas *Clean Slate*, la forma en que Millward Brown denomina al tipo de marcas desconocidas o de las que los consumidores no saben cuál es su razón de ser, garantizan un mayor éxito en la conformación de la posición que guarda una marca en la mente del consumidor.

Por ejemplo, el caso de Black & Decker, cuando a partir de la saturación de productos y una mayor competencia, decidió entrar al mercado de productos para la construcción y lanzó la marca De Walt. Esto se debió a que Black & Decker no tenía las suficientes credenciales para ser percibida como una marca adecuada para la construcción, por no ser considerada de uso riguroso y prolongado, sino más bien para trabajos esporádicos. Y los consumidores en un principio ni siquiera percibían que se trataba de una marca de Black & Decker.[28]

A pesar de lo anterior —y de casos de éxito de marcas nuevas — en el terreno actual de los consumidores que tienen muy poco tiempo y con déficit de atención, es más factible, aunque no por esto fácil, elaborar y lograr giros en la posición que las marcas ya tienen instauradas en la mente del consumidor. Sobre todo en marcas que tienen un trayecto recorrido y han logrado insertarse en la cabeza de la gente con un *Top of Mind* establecido, o *Share of Mind* o familiaridad, o una base de consumidores que la consume o recompra desde hace tiempo.

Mientras la marca nueva es desconocida y comienza de cero a generar percepciones y mundos asociativos alrededor de ella, no hay seguridad de que llegue a insertarse en el consumidor, y el tiempo que conlleva puede ser muy largo.

Empezar de cero siempre es más costoso en tiempo y dinero, claro que hay casos en que lo vale por la situación de las marcas o el entorno competitivo. Ejemplos de quienes han decidido reorientar la percepción de sus marcas en lugar de sustituirlas por nuevas, y que han logrado dar un *refresh* o reposicionamiento en momentos que tuvieron dificultades para actualizarse o conectar con nuevos consumidores se encuentran Appleton, Old Spice, Panam (zapatos deportivos), Burberry, Harley Davidson, etcétera. También en adquisiciones de empresas han existido marcas que cuando se ven forzadas a migrar de una a otra, o implementan esta migración de marca por haber realizado un análisis estratégico profundo, deciden mantener la marca entera o por lo menos una parte simbólica por su gran valor o *equity*; en este caso tenemos a Banamex, Bancomer, los autos retro Beetle y Mustang, ahora Dart, etcétera.

Como ya tienen un terreno ganado en el territorio perceptual, las empresas deciden tomar lo mejor de la marca, lo que formaba parte de su mística y envolverlo de una forma más vigente y actual. Algunas marcas confían en que las cenizas no se hayan apagado en un segmento de consumidores.

Ahora analizaremos las implicaciones de provocar un giro a la percepción de una marca que fue exitosa, pero que al cambiar el contexto de los consumidores y el mercado se estancó. También veremos cómo reencuadrar dicha marca en otros contextos para hacerla más actual y viable. En algunos casos se trata de como dice Dawson de "desaprender" lo que se ha aprendido de la marca o proyectar y lograr nuevas conexiones asociativas con la misma, o cambiarle el contexto para que vuelva a conectar con los consumidores. Percepción y contexto van de la mano.

En algunos casos se trata de marcas icónicas o que poseen una gran familiaridad o conocimiento por parte de un conjunto de consumidores, pero que no han conectado con otros, sobre todo con aquellos de nuevas generaciones. Desde el punto de vista de Dawson, Starbucks se enfrentó con este problema ya que después de 20 años de una continua expansión, al encontrar nuevos competidores que ofrecían el mismo producto por un menor precio, como McDonalds, con su McCafé, o Dunkin Donuts, cambió totalmente sus operaciones y la experiencia de sus cafeterías que ofrecían al consumidor de dentro hacia fuera.

En México hemos visto marcas y productos de gran tradición que lograron reposicionarse y volver a tener éxito cuando el contexto cambió. Por ejemplo, en el campo de las bebidas, cuando el consumidor buscó soluciones más saludables y variadas que los típicos refrescos, los tés tuvieron gran aceptación. Si consideramos la categoría de los tés embotellados, ésta tuvo un éxito relativo y tibio hace aproximadamente 20 años con marcas como Snapple y Fresti porque el mercado aún no estaba muy preparado para este tipo de bebidas, además de que el mexicano no tenía la costumbre de beber té y muchos lo asociaban con estar enfermo, con una bebida para viejitos, aunado a que había muy pocas alternativas de sabor.

Mientras que en la actualidad existe gran cantidad de marcas frente a un mercado mucho más grande y amplio. El momento actual de tendencia hacia lo saludable, de comunicación de propiedades y beneficios como el té verde, la indulgencia asociada a beber diversos tipos de tés, y, la incursión de casas de té como Teavana, etc., hicieron que el momento, el mercado y como resultado el éxito sea mucho mayor.

Lo que no es viable con los consumidores en una época puede ser exitoso en otro momento. Tal es el caso del regreso de la marca de zapatos deportivos Panam. La marca nació en 1962 con su modelo 084, conocido como choclo; en los setenta y ochenta fueron muy conocidos y utilizados principalmente para uso escolar. Sin embargo, en los ochenta y noventa frente a un entorno competitivo y feroz en cuanto a número y tamaño de marcas —Adidas, Nike, Puma, Reebok, entre muchas más—, nuevas tecnologías asociadas a los tenis y una revolución en los canales de distribución, Panam se encontró con graves problemas.

Para 2004, el contexto competitivo había cambiado otra vez, y el tenis ya no solo era un objeto para hacer deporte sino un símbolo de moda y coolness.

El choclo Panam se reposicionó para apelar a jóvenes entre 19 y 30 años, ya no sólo como un tenis escolar sino como un producto que representaba un estilo de vida independiente y alternativo ligado a un consumidor que busca más moda que performance deportivo en un tenis. Tuvieron asociaciones con otras marcas como Indio y la banda de rock Molotov. Este es otro ejemplo interesante de marcas comeback o que logran hacer un regreso, algunas incluso triunfal.

Como podemos ver con este y múltiples ejemplos más, el contexto es de suma importancia en el mundo de la percepción. Hace poco en una de mis presentaciones mostré unas fotos de la obra que Aleksandra Mir presentó en la Bienal de Venecia, donde con un fin estético descontextualizaba la ciudad de Venecia y la mostraba en otros lugares que nada tenían que ver con ella. Presentaba imágenes como si fueran tarjetas postales, y se podía ver a Venecia sobrepuesta en playas paradisiacas, lugares nevados, cascadas tropicales y más. Es un ejercicio muy bueno para ver qué tan vinculada está una marca a su contexto natural, y qué tanto se le puede ver en otros contextos; algo que algunas marcas de bebidas alcohólicas han hecho muy bien.

Claro está que justo en el mundo de las ideas y la creatividad, la descontextualización es algo utilizado para llamar la atención, o para que surjan nuevas ideas tomando en cuenta el pensamiento lateral. Sin embargo, las percepciones se crean en un contexto determinado, y podría cambiar la percepción del mismo objeto solo cambiando el entorno que le rodea. Para darte una idea de esto, piensa en el aprovechamiento que las marcas han tenido utilizando las modas o tendencias del momento como el arte pop, o minimalismo, o híbridos locales–globales, el mundo *kitch*, las luchas, el sincretismo religioso, zen/ budismo, optimismo contra tendencia pesimista, solo por mencionar algunos.

Después de lo anterior, es relevante que te plantees: ¿tiene un valor ganado mi marca en la mente del consumidor?, ¿de qué está conformado ese valor? Si mi marca está en problemas o tengo una marca existente, ¿me conviene empezar de cero y crear una nueva marca, o potenciar y reenfocar una existente que tiene capital marcario?, ¿qué contextos son propios de mi marca, y cómo puedo aprovechar la descontextualización de mi marca para cambiar percepciones? Piensa en ejemplos como los anteriormente expuestos y otros con base en tu experiencia.

3.7 Percepción Vs. Realidad

Investigadores y mercadólogos han descrito la diferencia entre la calidad objetiva y la calidad percibida. La calidad objetiva es un término utilizado para describir la superioridad técnica de un producto o su excelencia, siempre y cuando sea verificable. Sin embargo, en la percepción entra el juicio entre otras facultades y procesos (por ejemplo, un sujeto juzga de forma poco objetiva la actitud, el trato y el servicio de quien le sirve un café en una cafetería y si este fue bueno o no).

Holbrook y Corfman distinguen entre la calidad mecanística y la calidad humanista. La primera involucra un elemento objetivo o una característica de una cosa o evento; la segunda una respuesta subjetiva de los consumidores acerca de objetos y relativa a la forma en que la juzga un sujeto a diferencia de otro.

Un ejemplo de muchos se encuentra al analizar la diferencia entre percepción y realidad de las empresas que son más *green* o ecológicas, como los *green rankings* que investiga cada año la revista *Newsweek*.

En una investigación realizada y patrocinada por dicha

publicación, Penn Schoen Berland y Landor Associates, encontramos, en muchos casos, una gran disparidad e inconsistencia entre el puntaje verde o *green score* (una medición objetiva de desempeño ambiental) y el puntaje de reputación de la corporación.

A pesar de que se trata de un índice creado con consumidores estadounidenses, diversos teóricos coinciden en que la brecha que existe entre realidad y percepción sobrepasa culturas, ciudadanos y naciones. En la investigación se aplicaron 8,743 entrevistas entre estadounidenses mayores de 18 años. Para calcular el puntaje de reputación de las marcas, a cada uno se le solicitó que hiciera una selección aleatoria de entre trece y quince marcas en cuanto a su calidad y comportamiento ecológico o *green*. Para ello, se utilizaron 215 marcas estadounidenses y 36 extranjeras.

La investigación arrojó resultados interesantes. Existen marcas que son percibidas con una mayor conducta ecológica de la que en realidad tienen, como Loews una marca financiera, Energizer, Tyson Foods, Monsanto, las tiendas de autoservicio Whole Foods Market, Kellogg's, Smucker's o la cadena de restaurantes y hoteles Chipoltle.

Mientras que hay otras en las que su compromiso y comportamiento ecológico y ambiental es bastante mayor de lo que el consumidor percibe, como por ejemplo: IBM, Intel, Office Depot, Samsung, Dell o Hewlett Packard. Curiosamente muchas de estas marcas son de tecnología.

No es "la realidad", es la idea de esa realidad que se construye el consumidor con lo que realmente puedes posicionar una marca o producto.

En 2007, Chrysler pretendía proyectar su alta calidad lograda en el ranking de automóviles (número 11, por encima de la media de la industria).[29] Desafortunadamente, este hecho no permeaba en la percepción de los consumidores, quienes veían en Chrysler como una marca con menor calidad. Por esta situación, cambió su apuesta estratégica; desarrolló una serie de valores clave que iba en línea con sus principios y creencias: alcanzable, vehículos con estilo, desempeño y calidad refinada. Engineered beautifully remplazó a su antiguo eslogan Inspiration comes standard. Un esfuerzo multimedia, con nueva web, anuncios online, impresos y eventos es lo que realizaron sus creativos mercadológicos, después de haber implementado una estrategia fallida en 2003 nombrada Path to premium strategy donde aparecía Celine Dion con Drive & love it (maneja y ámalo).

Tanto en este caso donde trataron de darle un toque premium a Chrysler, como en muchos otros podemos decir que: en percepción, a la fuerza ni los zapatos entran.

Por otro lado, en tiempos recientes tenemos un consumidor global que cada vez más quiere percibir y sentir realidades superiores en términos de experiencia y de vivencia con sus sentidos.

Tal parece que el consumidor ya no se conforma con la realidad y busca nuevos conceptos y tecnologías como: realidad virtual, irrealidad, realidad aumentada, 3D y 4D, realidad kinect e hiperrealidad. Y en realidad como dice Eagleman, percibimos en 2 ½ D.

En conclusión, en el mundo del marketing la clave —más allá de saber cuál es la evidencia superior que ofrece tu marca vs. tu competencia— es conocer la realidad percibida por el consumidor, aproximarnos a como la vive.

Aunque tu marca sea la de mayor calidad a nivel fáctico en comparación con la competencia, si tu consumidor te percibe esencialmente como la más divertida, actual y cómoda, es de donde tienes que partir. Se empieza por lo que percibe el consumidor, no por lo que es capaz de fabricar tu marca. Claro, que es de extrema importancia que en tu estrategia y plan de negocios conozcas muy bien tus competencias, aquello en lo que eres más competente que otros.

Por otro lado, si la tendencia actual de las personas es tener experiencias superiores a la realidad, experimentar con los sentidos, pregúntate: ¿cómo saco provecho de estrategias, planes y tecnologías para que el consumidor viva experiencias superiores de realidad donde mi marca esté presente o sea parte de dicha realidad? Es casi imposible no haber asociado con la marca Red Bull la experiencia que tuvo el consumidor al haber visto a Felix Baumgartner saltar desde el espacio a más de 120,000 pies de altitud.

3.8 Campos Perceptuales

"Si se agrupa un conjunto de elementos, y luego en un segundo conjunto, la percepción será diferente". Stout (Gestalt).

Existen varios principios de la escuela Gestalt que lograron avances importantes en el terreno de la percepción. La Gestalt fue una de las disciplinas precursoras en el estudio de la percepción, y su aportación ha sido invaluable.

Esta escuela de psicología de origen alemán contribuyó a descifrar cómo organizamos la información, cómo la captamos con los sentidos y le damos un sentido a la misma. Autores de la talla de Wertheimer, Köhler y Koffka fueron sus creadores. En las siguientes líneas mencionaremos cuáles fueron los principios o leyes que desarrollaron dichos autores y haremos una breve descripción de algunos conceptos que dicha escuela desarrolló y su uso e impacto real en el mundo del *marketing*.

Ley del cierre. Cuando observamos elementos que no cierran para formar objetos o formas, nosotros cerramos dichos componentes y agregamos los objetos faltantes con nuestra percepción. Esto lo podemos observar en una gran cantidad de logotipos y anuncios que utilizan este recurso, por ejemplo el logotipo de IBM que se conformaba por solo rayas azules horizontales, o muchos de los anuncios de vodka Absolut que muestran la silueta o solo parte de la botella, el uso del camello de Camel, o la cara del logotipo de la marca LG. Finalmente, en la ley de la disposición objetiva o del cierre, si percibimos cierta organización continuamos viéndola a pesar de que ésta desaparezca.

Proximidad. Hay una tendencia a percibir en conjunto los elementos más próximos o que se encuentran más cerca. En realidad hacemos un agrupamiento o concentramos elementos aislados porque les vemos un sentido al estar próximos. Este agrupamiento es parcial o secuencial y está también en función de que tan lejos o cerca estemos del mismo. Ligado a cercanía y semejanza. Cuando vemos un televisor antiguo y pegamos los ojos a la pantalla, sólo podemos observar puntos de colores, pero cuando nos alejamos un poco, aunque notemos puntos, ya observamos formas establecidas como caras, edificios y otras imágenes. Percibimos juntos elementos que están próximos.

Similitud. Elementos parecidos tienden a verse como parte de lo mismo. Las cosas que son semejantes o parecidas ya sea en su tamaño o su forma son vistos como verdaderos conjuntos. Aquí hay ejemplos de marcas que podemos asociar simplemente porque tienen un color similar, o un bebé que en un entorno de animales se ve como un animalito más.

Continuidad. Tendemos a ver objetos para que continúen fluidamente. Observamos objetos que están ordenados de forma secuencial y continua aunque no formen un todo; cuando vemos un patrón unimos y agrupamos todos los objetos.

Lo anterior va en línea con lo que plantea el neurocientífico David Eagleman en el sentido de que la percepción toma lo que dan los sentidos y lo simplifica o se queda con un panorama sin demasiados detalles. Por esto, es bastante difícil que los consumidores reciten lo que dicen las marcas en los anuncios; más allá de quienes cantan algún jingle o se saben completamente el texto de un anuncio, la mayor parte de los estudios de pre-testeo publicitario nos enseñan que la recordación exacta, correcta y específica en general es muy baja (aun mucho menor en el entorno real de la vida cotidiana del consumidor).

En gran medida se debe a que los estímulos publicitarios se sobrecargan de información y de propuestas de venta, cuestión que el consumidor no puede memorizar, porque en muchas ocasiones el consumidor no atiende del todo; además de la enorme saturación de contenido que recibe la gente, ya no solo de marcas que se publicitan hasta por SMS, YouTube o redes sociales, sino por el propio contenido que acompaña a un consumidor: mensajes, *whatsapp*, redes sociales, etcétera. Nadie volvió a hablar del anuncio espectacular de San Jerónimo (Wonderbra) de hace años que tanto revuelo causó, ni se percatan de comerciales con información concreta de campañas publicitarias de antes, donde ahora están presentes las de Gandhi o Vicky Form.

Destino común. Elementos que se derivan de un modo similar respecto de un grupo mayor tienden a su vez a agruparse. Si hay objetos o formas que se mueven en una misma dirección o cambian de forma se perciben como una misma unidad, o como que siguen una misma dirección.

Agrupación perceptual. En realidad varias de la leyes o principios antes descritos se los llama "agrupación", tales como la de semejanza, continuidad, proximidad y cierre. Armamos en realidad grandes "agrupamientos" o ramas perceptuales.

Pregnancia. Bajo este concepto vemos a las figuras de la mejor manera posible, o sea figuras similares, armónicas, regulares y estables. Esto quiere decir percibimos y organizamos los objetos lo más simétrico, regular y estable que puede ser. Siempre andamos reduciendo ambigüedades o distorsiones y estamos en la búsqueda de lo que le vemos más coherencia. También se lo llama principio de simplicidad.

No es objetivo del libro profundizar en los conceptos de la Gestalt; sin embargo, es pertinente reflexionar en torno a cómo puedes utilizarlos a la hora de seleccionar un nuevo logotipo o al momento de evaluar con cual otra marca vas a realizar un *cobranding* o una alianza, y sobre qué entornos giran alrededor de tu marca en un comercial o algún evento en el punto de venta.

3.9 La Percepción, El Cerebro Y Los Estados De Conciencia

> *"La conciencia es una manera de proyectar toda la actividad en tu sistema nervioso de una forma más simple. Los billones de mecanismos especializados operan bajo el radar- algunos coleccionando datos sensoriales, otros enviando programas motores, y la mayoría haciendo las mismas tareas de la mano de obra neural: combinando información, haciendo predicciones de lo que seguirá después, tomando decisiones sobre qué hacer ahora". David Eagleman.*

Para nuestro tema resulta muy interesante la cita de Eagleman, debido a que durante mucho tiempo se pensó que lo que no pasaba por los sentidos no podía ser percibido, mientras que este autor y otros plantean que hay elementos que captamos sin ser conscientes y sin habernos percatado de ellos. Esto es de gran trascendencia en el mundo del *marketing*, donde lo más común es pensar que lo que no se recuerda desde un primer momento, no existe. Por ello, abordaremos este tema de vital importancia para el *marketing* de la percepción, la conciencia y sus estados.

Nuestro cerebro y sus facultades funcionan de una forma especial; por ejemplo, resta contradicciones y ambigüedades y les da forma a algo que solo para nosotros la tiene, le ve continuidad a lo que en realidad estaba separado, observa con cara de humano, con ojos y boca, a cualquier objeto redondo que ve de reojo o, de lejos.

> *"Tu cerebro corre a través de una buena cantidad de problemas para quitar ambigüedad a la información tirando a tus ojos a través de tomar en cuenta al contexto, suponiendo, y utilizando trucos que aprenderemos en el momento". David Eagleman.*

Nuestra visión periférica es mucho peor de lo que pensamos, le vemos formas a objetos que no la tienen (en ocasiones vemos a lo lejos un perro que resulta ser una bolsa de basura, o un local color verde pensamos, en un primer momento, que es un Starbucks). Lo que ocurre es que al llevar cabo nuestra vida cotidiana el cerebro apunta su centro de visión de alta resolución a lo que más nos interesa. Por ello, erramos cuando pensamos que nuestra visión hace una representación y una idea fidedigna de lo que observamos como si tuviéramos el lente de una cámara.

A ese cono limitado es a lo que yo me refiero cuando nombro la visión túnel. En realidad nuestro cerebro hace un procesamiento de fragmentos o pedazos de escenas visuales, por lo cual no todo —ni mucho menos— llega a nuestros ojos.

"Solo lentamente estuvo claro que el cerebro no utiliza un modelo 3D sino, construye algo como un bosquejo 2 ½ D a lo sumo". David Eagleman.

Siguiendo con un ejemplo, en una situación dada nos hacemos un mapa mental de que estamos en un centro comercial caminando, que hay gente, tiendas, puestos, música, productos, ropa, etc., y que estamos pasando frente a una banca con gente sentada. Pero si yo te pregunto de qué color era la bufanda de la mujer que estaba sentada en la banca y si habías dirigido la vista hacia ella (vista perdida) sin mucha atención, de repente te concentrarías en la bufanda y la mujer, asimilando nuevos datos al modelo interno con el que estás percibiendo.

Si un consumidor ve un anuncio en su casa, nos preguntaremos de qué se habrá percatado en realidad de forma natural dentro del contexto.

Recordemos que en el mundo perceptual es importante el contexto y, agregaremos, la necesidad. En el caso de la mujer con bufanda, es probable que si hubiéramos necesitando una bufanda o una chamarra o ropa de invierno nos hubiéramos fijado si era una bufanda de la marca Burberry. Aún más, si la semana pasada hubiésemos comprado un suéter Burberry, seguramente nos hubiéramos centrado mucho más de la bufanda.

Como hemos mencionado, en el mundo del consumo realizamos muchas conductas automáticas e inconscientes, que no pasan por la conciencia, como arrojar el detergente al carrito del supermercado sin ni siquiera haber visto la enorme variedad de productos que existen en ese pasillo, o tirar un volante sin haber leído el 1% del contenido. Asimismo, cuando el consumidor necesita algo se enfoca en aspectos relacionados con la satisfacción de una necesidad; en este sentido, las expectativas del sujeto deben encajar con los datos que está registrando para que vea algo. En otras palabras, nuestras expectativas influyen en lo que vemos y en lo que prestamos atención.

La percepción realiza una comparación o un contraste entre lo que entra por los sentidos y las predicciones de nuestro interior y, con ello, sucede lo que algunos autores mencionan: somos conscientes del exterior cuando lo que entra sensorialmente viola las expectativas.

Cuando no hay sorpresas ni novedades, como en el ejemplo de depositar el detergente de la marca que habitualmente compramos de forma automática en el carrito, no necesitamos de las virtudes de la conciencia. Cuando tomamos decisiones automáticas de consumo en ciertas situaciones no necesitamos de nuestro conocimiento consciente para llegar a decisiones efectivas (las que necesitábamos tomar en ese momento). Pregúntate, ¿la última vez que compraste una pasta de dientes, te detuviste conscientemente a comparar, revisar diversos productos y leer sus diferencias?

> "Tu percepción del mundo es como un show de televisión en vivo (piensa en 'Saturday Night Live'), que en realidad no es en vivo. En vez de eso, estos shows salen al aire con un retraso de unos pocos segundos, en el caso de que alguien utilizara lenguaje inapropiado, se lastimara o

perdiera parte de su ropa. Y así es con tu vida consciente: recolecta mucha información antes de que la saque al aire ". David Eagleman.

David Ropeik habla del "efecto conciencia" o "listo para recordar" cuando tomamos información parcial o incompleta, le otorgamos un significado, y "extraemos los archivos mentales de información de cosas que coincidan con dicho patrón, y aplicamos la información parcial de una forma que sea consistente con lo que ya sabemos sobre la categoría general".[30]

Dichos archivos mentales o memoria forman parte de nuestro proceso perceptual. La memoria no funciona como algo que simplemente recupera datos de lo vivido sino que, como Rosalind Cartwright menciona, es un acto continuo de creación. Memorizar es también crear.[31]

En el mismo sentido, Oliver Saks plantea que en realidad no existe forma fácil de distinguir entre lo auténtico de la memoria o la inspiración, de lo que se ha vivido de lo que ha sido tomado de otros o incluso sugerido.[32]

Es lo que Donald Spence llama de la diferencia entre "verdad histórica" y "verdad narrativa". Nuestra memoria narra cosas mezcladas entre lo vivido de forma genuina, lo experimentado —no necesariamente vivido—, y del intercambio con otras personas y mentes. En cierto sentido parte de nuestra memoria es colectiva.[33]

"Nosotros, como seres humanos, llegamos con sistemas de memoria que tienen fallas, fragilidades, e imperfecciones- pero también con gran flexibilidad y

creatividad". Oliver Sacks.

3.10 La Paradoja De La Distinción

Hemos mencionado que el mundo exterior es un cúmulo de objetos potenciales de ser percibidos. Nuestro sistema perceptual toma datos sensoriales, los capta y los organiza en formas, colores y patrones y va creando categorías de objetos que vamos reconociendo.

En realidad son varios los investigadores y autores que afirman que para nuestro sistema perceptual los objetos no son parte del mundo natural exterior, sino que conforman algo real a través de procesar sensaciones en bruto, organizarlas e interpretarlas. Por lo tanto, el consumidor no consume objetos como vienen o significados establecidos del exterior, sino que los produce, los construye, los amalgama.

El consumidor ya no es un simple consumidor de significados que los capta pasivamente, sino un productor activo.

El consumidor se construye juicios acerca de las marcas en cuanto atributos y características que en muchas ocasiones son físicas, comprobables y comparables.

Asimismo, reduce el número de dimensiones de estos atributos fácticos en menos dimensiones perceptuales para poder percibir. Es un proceso de simplificación elaborado por nuestro sistema perceptual. Por eso, cuando pensemos en transmitir todos los atributos que nos diferencian de una marca competidora debemos tomar en cuenta las limitaciones de la percepción del consumidor. Un ejercicio de este tipo, representa una oportunidad para que las marcas muestren una oferta y propuesta de valor más relevante, delimitada, depurada y simplificada.

3.11 «Pregnancia»

Dentro de la Gestalt, la Ley de la buena forma o agrupamiento se refiere a un principio de organización de los elementos que componen una experiencia perceptiva y que esta corriente nombró como pregnancia (*Prägnanz*). Este mecanismo nos ayuda a reducir posibles ambigüedades o efectos distorsionadores, y nos hace buscar siempre la forma más simple y estable. Nos permite ver los elementos como unidades significativas y coherentes. En otras palabras, define y estructura la figura separándola del fondo.

Nuestra percepción busca coherencia y sencillez para quedarse con un vistazo coherente y sencillo de la realidad. Esto no choca con que los consumidores busquen novedades, ideas frescas y que en ocasiones les rompan el esquema. Finalmente, aunque él se desconcierte, casi siempre la percepción terminará con una "buena forma".

Siempre percibimos las cosas como simples, claras y sin ambigüedades aunque nos hayamos expuesto a un comercial, un eslogan, una idea o una marca que no cumpla con esto.

Para estudiar este fenómeno, los gestalistas crearon un conjunto de normas para abordar la figura y entender su interacción con el fondo y otras figuras. La ley de figura–fondo indica que el proceso perceptivo incluye un mecanismo básico con el que enfocamos nuestra atención sobre un objeto o grupo de objetos —es decir, una figura— y lo destacamos sobre los objetos que lo(s) envuelven. El fondo es lo que no es figura y es parte del campo que tiene elementos relacionados pero no son el foco o centro de atención.

La pregnancia pone en evidencia uno de los defectos de la percepción: las ilusiones ópticas. En éstas los ordenamientos y composiciones que forman nuestra percepción pueden crear figuras inestables y distorsionadas —uso de la figura y fondo que normalmente hacemos.

Para muchos consumidores, basta con echar un vistazo al color rojo del banco Santander o de la cerveza Tecate para identificarlos, ver dos xx en un letrero para saber que es un Oxxo, o ver la silueta de la botella para identificar al vodka Absolut.

Cuando una marca ya está establecida y tiene un historial en la mente es mucho más fácil que se le identifique. A mayor pregnancia, es más fácil que el consumidor capte la marca; por ejemplo, si hay más de cinco empaques de cinco diferentes marcas en un anaquel, la que tiene mayor pregnancia es la que llamará primero la atención.

La pregnancia tiende a resumir las formas, esto es, prefiere tratar los grupos como figuras, por ello intenta encontrar las coincidencias comunes entre ellos hasta formar un todo. Si seguimos el principio de la pregnancia nos daremos cuenta de que da igual que ayer hayamos visto 20 comerciales o piezas publicitarias u hoy 3,000, o que veamos una pantalla de TV, nuestro *smartphone* y el iPad al mismo tiempo.

4. SESGOS PERCEPTUALES

"Las personas, cuando se enfrentan a situaciones complejas (mucha información), suelen recurrir a «heurísticos» o «sesgos» que reducen o filtran la información, permitiéndoles manejarla y llegar a predicciones más fácilmente. Estas predicciones, al estar basadas en informaciones «sesgadas», en ocasiones son incorrectas". Tversky y Kahneman.

Una investigación realizada por Priya Raghubir, Vicki G. Morwitz y Amitav Chakravarti confirma que los consumidores perciben mayor rapidez al hacer un viaje de un lugar determinado, por ejemplo el centro comercial, a su hogar. En contraste, dicha percepción se pierde si los consumidores hacen el viaje desde su hogar al centro comercial. Los investigadores, a partir de tres experimentos, sostienen que esto ocurre también con otros destinos con los que el consumidor esta familiarizado. La explicación principal se vincula con la forma en que el consumidor codifica el espacio contra un destino determinado. Los autores plantean que lo habitual podría implicar una mayor riqueza mental y la persona puede hacerse una idea de una zona más grande, la familiar.

Lo anterior es uno de los tantos ejemplos utilizados para ilustrar cómo percibimos cosas que muchas veces no están del todo sustentadas en la realidad, algo que nombraré como "sesgos perceptuales del consumidor".

Si uno gestiona una marca siempre será importante empezar por lo que los consumidores perciben, y por detectar de dónde provienen estas percepciones, con el fin de reorientarlas con base en los objetivos particulares de dicha marca.

En mi experiencia, he observado que suele existir una serie de sesgos perceptuales acerca de las marcas por parte del consumidor, lo que implica desarrollar estrategias y acciones de *marketing* para tratar de gestionarlos y cambiarlos.

En las siguientes páginas abordaré algunos mecanismos propios de los humanos para distorsionar "la realidad"; después me referiré a una serie de sesgos perceptuales comunes del consumidor cuando capta algún elemento o aspecto de una marca —un logotipo, un anuncio, la categoría a la que pertenece la marca, un eslogan, etcétera.

Es importante aclarar la utilización que hago del término "sesgo": no me refiero a su significado estadístico matemático, la diferencia entre el valor esperado de un estimador contra el verdadero valor del parámetro, sino entendido como algo natural que ocurre cuando percibimos y distorsionamos la realidad que está basada en hechos objetivos e inobjetables.

Existen teóricos de la psicología cognitiva, la terapia racional emotiva y muchas más que hablan de los sesgos pero aplicados a la psique humana, así como en los trastornos y psicopatologías que lo aquejan, tales como distorsiones cognitivas o pensamientos automáticos. En este libro, los conceptos de dichas disciplinas son llevados al mundo del *marketing* para aproximarnos a cómo el consumidor llega a hacerse una imagen distorsionada de varios elementos de las marcas e incluso de otros consumidores.

Cuando hablamos de sesgos perceptuales es indispensable recalcar que en el mundo del *marketing* los administradores, investigadores y publicistas debemos de analizar dichos "sesgos" como si fueran nuestra realidad, ya que se trata de la realidad que se forma el consumidor.

Para fines de claridad llamamos sesgos a las percepciones de marcas o partes que las componen, que se desvían de la realidad fáctica o evidenciada con hechos. Por ejemplo, la percepción de que si una cerveza está embotellada en un envase oscuro ésta tiene que ser oscura, o de que si un carro está pintado de color rojo, amarillo o negro, entonces, debe ser deportivo.

Posteriormente daré recomendaciones y líneas de cómo poder ir generando giros o cambios en la percepción de los consumidores. A ellos les llamaré "principios de giros perceptuales", que son una serie de estrategias, ejercicios y actividades que parten del análisis de los sesgos perceptuales para llegar a planear e implementar giros y cambios en la percepción de los consumidores, así como en el mapa mental que se hacen de las marcas.

Existen percepciones que surgen cuando se comunica un nuevo concepto, información o idea, la cual el consumidor desconocía o no era consciente de ella y de la cual no se tenía referente alguno. Por tanto, los nuevos conceptos o ideas tuvieron que construirse. Por ejemplo, hace algunos años antes de que alguna marca de tequila comunicara que estaba hecho de 100% de agave, el consumidor ni siquiera se lo cuestionaba. Hasta hace no mucho, conceptos como memoria RAM, número de pixeles, pantalla Retina, Omega 3, taurina, etc., no existían en nuestra mente ni teníamos alguna percepción sobre ellos. En este sentido, cuando hablemos de sesgos perceptuales también será relevante referirnos a lo que no necesariamente tiene un sesgo, aunque si ciertas asociaciones, como siempre.

Por último, cabe destacar que las distorsiones perceptuales hacia las marcas también pueden ser tanto positivas como negativas.

4.1 La Distorsión Cognitiva Y Perceptual

> *"La distorsión selectiva es la tendencia a interpretar información de una forma que encajará con nuestras preconcepciones. Los consumidores frecuentemente distorsionarán información para que sea consistente con creencias previas que tenía de la marca y el producto".*

El fenómeno anterior lo vemos en todo momento; por ejemplo, cuando comparamos testeos de productos entre quienes conocen la marca del producto que están probando y quienes no. Desafortunadamente, las pruebas ciegas de producto sólo existen en las investigaciones, y no en la realidad de las marcas y los consumidores. Esto es algo que se nos olvida con frecuencia.

En un estudio de mercado compararon dos marcas diferentes

de refresco de cola: Diet Coke y Diet Pepsi. La preferencia entre los participantes estaba dividida entre las dos marcas cuando se hizo una prueba ciega de producto; sin embargo, cuando se hizo el mismo testeo pero con la particularidad de que los participantes sabían la marca que estaban bebiendo, 65% prefirieron Diet Coke y 23% Diet Pepsi.[34]

Tal como algunos autores han afirmado, sobre todo de psicología cognitiva, existe una serie de distorsiones que elaboramos los humanos a nivel cognitivo. Para los terapeutas cognitivos los supuestos, pre-concepciones y creencias que tiene un individuo facilitan los errores y la distorsión de la información. "Los errores en el procesamiento de la información derivados de los esquemas cognitivos o supuestos personales recibe el nombre de distorsión cognitiva".[35]

El procesamiento cognitivo y el error en el procesamiento de la información son útiles para nuestro objetivo, ya que los vincularemos con la percepción de los consumidores y su relación con las marcas. De hecho, muchas de estas percepciones suponen procesos que continuamente vemos en el mundo de las marcas: juicios inexactos o interpretaciones ilógicas.

No son pocos los casos en que los psicólogos cognitivos han utilizado la categoría de las distorsiones cognitivas para describir trastornos mentales y psicológicos con el fin de proponer estrategias terapéuticas para los pacientes. A partir de un acercamiento a las distorsiones cognitivas, aunado a numerosas investigaciones de mercados y exploraciones, he encontrado que varios de los sesgos comentados son aplicables al mundo perceptual del consumidor.

4.2 La Gran Distorsión De Los Números

Los consumidores frecuentemente tienen percepciones distorsionadas cuando se les da información que involucra números.

Es un hecho que hacemos un uso subjetivo y parcial de los números y porcentajes de lo que las marcas comunican: número de meses sin intereses, porcentajes de descuento, rebajas, precios y más.

Una gran cantidad de estudios lo confirman: nuestra percepción también se queda con números que sufren distorsiones perceptuales si vemos la realidad objetiva y nos concentramos en los hechos. Por ejemplo, se sabe que percibimos un período de 36 meses más largo que uno de tres años, a pesar de que no existen diferencias entre ambos lapsos.[36] En una investigación se les preguntó a los consumidores si preferirían un lavavajillas con una garantía expresada en términos de años o de meses. Y encontraron que la gente no se da cuenta cuando una unidad de información cuantitativa se maneja arbitrariamente.

Los consumidores se suelen centrar en el número de unidades dentro de la escala para expresar cierta diferencia (número de meses o de años). Es lo que el autor nombra como "efecto de la unidad". Uno de los datos encontrados se resume a continuación: "Ellos percibieron que la diferencia entre una garantía de 84 meses y otra de 108 meses era más grande que la diferencia entre una garantía de siete años y nueve años a pesar del hecho de que las dos diferencias son exactamente las mismas".[37]

En resumen, el consumidor llega a percibir como distintas dos cifras que en realidad son iguales al ser expresadas en escalas diferentes.

Por otro lado, Keith S. Coulter y Robin A. Coulter realizaron cuatro experimentos para investigar el procesamiento de los consumidores al comparar precios regulares con precios rebajados incluidos en la publicidad.

Ellos se enfocaron en cada dígito individual que aparece en los precios publicados cuando estos se comparan. Y encontraron que cuando los consumidores ven precios regulares y rebajados con dígitos a la izquierda que son idénticos, perciben un descuento mayor cuando los dígitos de la derecha (centavos) son pequeños (menos de 5). Y como resultado de esto, pueden percibir un mayor valor e incrementar su disponibilidad a comprar un producto a precios más altos y de bajo descuento. Es decir que el orden de los dígitos sí afecta las percepciones.[38]

Asimismo, hay autores que llaman precio psicológico a la estrategia que aplican algunas marcas donde se lanza un precio hacia el consumidor que éste juzga como de mayor valor o donde sale ganando más. Por ejemplo, poner precios a $10.99 pesos en vez de $11.00. De hecho, por ejemplo, en un artículo de la revista *Psychological Pricing* mencionan que fijar un precio dos centavos por debajo en un precio de $10 puede aumentar sorprendentemente las conversiones o ventas a un extra del 21% al 34%.

El artículo menciona que aunque la diferencia entre un precio de $9.99 y $10 sea un solo centavo, el hecho de que el segundo precio tenga dos dígitos hace que percibamos a este precio como mucho más alto de lo que realmente es.[39]

Por otro lado, en un estudio publicado por Marketing Bulletin en 1997, donde tenían posibilidad de escoger entre diversos precios, 60% de los precios que seleccionaron terminaban con el dígito 9, 30% con 5 y solo 7% con 0 (los otros 7 dígitos solo sumaron la proporción del 3%).[40]

> "Un análisis de 840 anuncios revelaron que los precios nones, en particular los que terminan con el dígito 9, claramente sobrepasaron a todos los otros finales de precios. En total, 87% de los precios fueron definidos como precios impares".[41]

Continuando con el punto anterior, números utilizados en escalas más grandes suelen representar mayores diferencias; por ejemplo, una diferencia entre 7 y 7.5, en una escala del 1 al 10, se percibe como menor a la diferencia entre 70 y 75 en una escala del 1 al 100. Lo anterior hace que en muchos casos las marcas utilicen precios que terminen en .99 en lugar de redondearlo al entero; un artículo a $99.99 se percibe más barato que a $100 pesos. Según Brenner y Brenner lo anterior se debe a que los consumidores están expuestos a un flujo excesivo de información de precios, por lo que almacenan en la memoria solo la información más relevante, los primeros dígitos del número.[42]

Como sabemos la fijación de precios considera muchos aspectos como el costo de los productos, la demanda, la competencia, el mercado, y el poder adquisitivo de los consumidores, entre otros. En cuanto a la decisión de cómo fijar el precio, en el mundo actual donde las cadenas de autoservicio y departamentales han ganado mucho poder, este es un tema que deciden las marcas y la cadena de valor (mayoristas, cadenas de autoservicio, tiendas, etc.), tomando en cuenta muchas variables —dentro de las cuales se encuentran las distorsiones cognitivas y perceptuales del consumidor— como he expuesto anteriormente.

Tom Denari cuestiona la iniciativa reciente de JC Penney en Estados Unidos de no utilizar rebajas o descuentos, ya que, según la tienda, este tipo de estrategia ha tenido resultados tibios en ventas. Denari afirma que quizá la tienda departamental tiene la impresión de que el consumidor es más racional de lo que realmente es, cuando en realidad los consumidores prefieren comprar una ganga comparada con un precio inflado que pagar por el valor real de un producto.

El autor apunta que el consumidor hace uso del sesgo perceptual que antes mencionamos como "efecto ancla", donde toma sólo una pieza de información inicial; en este caso un primer precio inicial —en muchos casos alto— que se queda como parámetro en la mente del consumidor.

Los precios de las departamentales suelen ser anclas comunes en diversos mercados. El efecto ancla se da cuando el consumidor toma una decisión sobre una compra y la tienda o negocio pone un punto de partida (precio) a partir del cual nuestra decisión es influida. Hay departamentales que ponen un precio de partida alto, y cuando se hace una rebaja el consumidor siente que está ganando más, que si el precio de partida hubiera sido significativamente menor al precio inflado.

"Mientras el precio original de $12.99 por una playera puede haber sido un precio inflado, éste crea un ancla

subconsciente. Mientras el lado racional del consumidor puede saber que es un precio fingido, el lado irracional se emociona de que puede adquirir la playera a una ganga de $7.99". "Una playera de $ 7 es solo una playera de $ 7".

En palabras de Denari, "mientras el precio original de $12.99 puede haber sido un precio inflado, aun crea un ancla subconsciente. Mientras que el lado racional del consumidor puede saber que es un precio fingido, el lado irracional se emociona que puede aprovechar la compra de la playera por una ganga de $7.99. El descuento genera el deseo de realizar la compra". [43]

En realidad no percibimos con una calculadora en la mano. En tu caso, ¿qué números, redondeos o porcentajes hacen que percibas más atractivo un precio, una oferta o una promoción? En una promoción, ¿preferirás ser parte de 10 personas con posibilidades de ganar un bono de $1,000 pesos o de 100 personas que puedan ganar $100 pesos?. [44]

4.3 Tipos De Distorsiones Cognitivas

Ahora veremos algunos tipos de distorsiones cognitivas y perceptuales que se aplican al mundo de los consumidores.

El pensamiento polarizado. En muchas ocasiones las personas valoran acontecimientos, personas y aspectos de marcas de forma extrema. Esto lo vemos con reiteración cuando un fan o consumidor frecuente —y leal a una marca

— percibe a una marca que no consume como inadecuada para sus necesidades, de baja calidad o destinada para otro tipo de gente; este tipo de consumidor se centra casi exclusivamente en aspectos negativos, mismos que no están basados en una experiencia propia o en realidades objetivas.

Pregúntale a un consumidor leal a Coca-Cola porqué no bebe Pepsi, o a un usuario de Mac porque no utiliza PC; en México, a un seguidor de los Pumas de la UNAM qué opina del Club América. El pensamiento polarizado también aplica a una costumbre de consumo; si un viajante está acostumbrado a que su avión salga con puntualidad, el día que se retrase, aunque sea media hora, percibirá que salió muy tarde. Esta percepción parecerá exagerada en contraste con la de quien percibe que el hecho de que un avión salga 30 minutos tarde entra en el margen de lo que es puntual.

Al pensamiento polarizado en ocasiones también se lo llama **pensamiento dicotómico**, y es muy común en nuestros días. En diversas investigaciones he encontrado que los consumidores, cuando están en uno de los polos de percepción, buscan en realidad confirmar sus posturas y puntos de vista, donde los matices y los términos medios no existen. Algunos también llaman a esto como **sesgo confirmatorio**, ya que en realidad está buscando confirmar sus creencias o posturas que desde antes de exponerse al estímulo ya tenían una distorsión. El sesgo o la distorsión aparece desde la búsqueda de información o la atención que le pone el consumidor, hasta la interpretación o lo que memoriza.

¿Cuántas veces te has encontrado con un consumidor que critica una marca que odia o no le gusta sin darse todavía la oportunidad de probarla o sin haber visto el comercial completo que la promociona? El pensamiento polarizado lo vemos en todo momento entre usuarios, consumidores o simpatizantes de una marca, institución, persona, político o más. Por ejemplo, existen partidarios con sesgo perceptual positivo –es decir que maximizan los aspectos positivos y minimizan o eliminan los negativos– hacia Enrique Peña Nieto o Andrés Manuel López Obrador, Coca-Cola o Pepsi, Mac o PC, América o Pumas, etcétera. El consumidor siente que debe de tomar un partido, aunque esto en muchos casos no se aplique de forma consciente.

Otro tipo de sesgo perceptual es la **sobregeneralización**, que se presenta cuando el consumidor toma uno o más, aunque pocos, hechos aislados sobre algo y los generaliza, sacando conclusiones grandes o contundentes. Es algo que los consumidores suelen hacer cuando tienen una mala experiencia con una marca y piensan que es de baja calidad.

Así, tenemos casos como un consumidor que no regresó a una boutique porque tuvo un altercado con la mujer de limpieza del establecimiento, o porque había poca gente, o porque los diseños de ropa le parecieron caducos, etcétera. Esto suele ocurrir cuando el consumidor está predispuesto a la compra o consumo de una marca y generaliza en demasía.

En todo momento escuchamos consumidores afirmando que una marca no cumple con las promociones que promete, cuando en realidad no participaron en la promoción o se enteraron de ella por algún conocido. También se da el caso de un consumidor que no prueba un nuevo producto de una marca porque en algún momento consumió otro producto de esa marca y no le gustó.

En este sentido también se encuentra el llamado **Efecto halo**, que se refiere a la persona que generaliza muchos atributos o características de un objeto o persona bajo el conocimiento de uno solo, claro está, sin que exista alguna relación consistente o congruente entre ellos. Es decir que de un solo objeto o característica (o unos pocos) se hace una generalización, como un halo o aureola. Puede ser positivo o negativo como varias de las distorsiones.

La **abstracción selectiva** se trata de tomar algo y ponerlo fuera de lugar, un detalle fuera de contexto, haciendo a un lado hechos más importantes y significativos de la situación. Otros conceptos son la **maximización y la minimización** al referirse a exagerar los hechos o evidencias pequeñas o por el contrario banalizar algo importante y de gran relevancia.

Siempre se critica a consumidores que minimizan hechos o errores de sus marcas favoritas y, en palabras de los consumidores, les perdonan todo. Como por ejemplo cuando dicen que los usuarios de Mac o iPhone no le dan importancia a problemas graves que han tenido las máquinas, o fans de Starbucks que perciben que el café es excelente, o fanáticos de películas de Almodóvar o Tim Burton que salen felices y aplauden cada una de las películas que lanzan.

Por otro lado, en la inferencia arbitraria lo que ocurre es que el consumidor saca conclusiones de algo que no está basado o sustentado en hechos o evidencias fácticas; esto se da aún cuando dichos hechos son realmente lo contrario.

Las distorsiones cognitivas junto con la situaciones particulares llevan a crear los pensamientos automáticos o en automático. Tales como los pensamientos absolutistas y rotundos que escuchamos a veces como "nunca voy a encontrar una pareja" o "trabajo", "estoy salado y necesito una limpia", "le caigo mal porque pasó a mi lado y no me saludó", o, en el mundo del consumo "el banco me odia y por eso no me quiso dar crédito", "hoy no vi la marca en el súper, han de haber quebrado, al fin que ni la quería", o "me regalaron una noche gratis en el hotel, han de tener muchas habitaciones vacías".

Existen más conceptos de distorsiones, tales como los **estereotipos**, por medio de los cuales se carga una serie de características a una persona por el sólo hecho de pertenecer a un grupo. Estas agrupaciones pueden ser sociales, de preferencias sexuales, tribus urbanas, religiosas, de estilos de vida o más. Es importante señalar que en este tipo de sesgo perceptual entra en juego un conjunto de factores culturales, sociales, históricos y no solo individuales.

Actualmente en México es un tema de extrema importancia ya que en la transición hacia una sociedad más democrática, libre y apegada a los derechos humanos se destapan tantos usos de estereotipos como: naco, *lady* (por ejemplo, la *lady* de Polanco), *princess*, indio, nuevo rico, *hipster*, gringo, asociado a algún líder, o mucho más.

En nuestros tiempos, el que una marca sea asociada a algún grupo o tome parte de algún estereotipo le puede traer problemas. Ya lo vimos con casos sucedidos en Estados Unidos con Abercrombie o Bertolli en Italia.

El primer caso, tal como fue comentado en un artículo de la revista Merca2.0 consiste en que algunas declaraciones que hizo Mike Jeffries —Chief Executive Officer (CEO) de la marca Abercrombie— denotaban y dejaban claro que la marca no aceptaba en su círculo de clientes a personas que no fueran cool, excluyendo a la gente que no tuviera cierto estatus, y llegando a generar rechazos en varios grupos sociales. [45]

En el caso Bertolli, el escándalo se forjó después de una declaración de Guido Barilla —CEO de la empresa—, en el sentido de que "nunca haría un anuncio que presentara a gays". Debido a lo anterior, la compañía lanzó publicidad con el fin de contrarrestar la mala declaración, donde el mensaje principal fue "Bertolli: pasta y amor para todos".[46]

Los sesgos perceptuales existen hasta cuando desconocemos una marca, debido a que inevitablemente tenemos árboles asociativos respecto a la nueva marca, ya sea porque conocemos al fabricante o a alguien que la compró, o asociamos algo con el nombre.

Nos gusten o no este tipo de sesgos perceptuales que se hacen los consumidores, son reales y los debemos de tomar en cuenta para ver cómo darles la vuelta y cambiar la percepción. Debemos trabajar en propuestas de valor, productos o comunicación que se adapten mejor a una percepción más positiva.

Otro ejemplo es el de las personas que juegan o apuestan —sin ser necesariamente ludópatas— y denotan el tipo de distorsiones cognitivas o sesgos perceptuales de las que somos objeto los humanos. Pasa cuando se presenta la ilusión del control, que consiste en:

a) Pensar que se tiene un sistema para ganar en el póker o la ruleta cuando en realidad es un juego aleatorio,

b) Pensar en la suerte personal como factor de predicción de que uno ganará,

c) Creer que si se ha tenido "mala suerte", la "buena suerte" tarde o temprano llegará,

d) Pensar que como se perdió por muy poco en una partida, próximamente vendrá la partida del gane,

e) Realizar asociaciones accidentales, por ejemplo, asociar la ida de un amigo al baño con una repentina victoria; en este caso existe la idea de que el amigo era el factor que lo hacía perder.

En términos generales, estamos llenos de ese tipo de procesos que influyen enormemente en la forma en que percibimos a las marcas, o cuando participamos en promociones, rifas o sorteos.

Para cerrar el tema, mencionaré algunos ejemplos de sesgos perceptuales. Pensar que unos tenis de color verde fosforescente son mejores para correr que unos color café; que un coche alemán está mejor fabricado y dura más que uno coreano —sin haber comparado las características de cada uno—; que toda la comida de un restaurante de alto nivel sea mala porque un comensal en una ocasión encontró una mosca en su plato. También entra en los ejemplos el "efecto anclaje" de una promoción muy grande, de la cual lo único que recordamos es que nos ofrece un peso por minuto, cuando en realidad la promoción tenía más ofertas.

Ahora bien, siguiendo con el tema de los sesgos perceptuales pero desde otra perspectiva; científicos de la University College London mencionan que nuestros cerebros contienen un "modelo altamente distorsionado de nuestros cuerpos". No solo tenemos sesgos perceptuales hacia objetos externos, productos, marcas, obras de arte, etc., sino hacia nosotros mismos. Se ha hecho una gran variedad de estudios donde se ve que en grandes cantidades de consumidores existe una distorsión de la imagen corporal de uno mismo y de las personas que nos rodean. Es decir que nuestra imagen corporal no se adecúa del todo a nuestra realidad, esto se presenta aun de forma mayor en personas anoréxicas u obesas, aunque no están exentos quienes no padecen estos desórdenes alimenticios.

4.4 Lo Que Nos Dice El Inconsciente No Nos Lo Dice La Conciencia Y Viceversa

La agencia de publicidad Young & Rubicam realizó una investigación para comparar los resultados que arrojaban los consumidores mediante sus respuestas conscientes e inconscientes, y encontraron varias diferencias interesantes. El estudio fue realizado en Estados Unidos, Brasil y China; sin embargo, considero sus resultados aplicables al consumidor en general.

Los investigadores mezclaron métodos tradicionales, para revelar sus pensamientos y percepciones conscientes, con cuestionamientos indirectos para conocer sus motivaciones subconscientes. Entre los consumidores estadounidenses, el resultado arrojó que a nivel consciente entre los valores que consideraron de mayor relevancia fueron la buena voluntad, escoger su propio camino y el significado de la vida. A nivel inconsciente sobresalieron la realización sexual, el respeto a la tradición y mantener la seguridad pública.[47]

El artículo apunta que lo anterior también se aplica al mundo de la percepción de las marcas. Mientras las diez marcas más mencionadas a nivel consciente fueron Amazon, Google, Apple, Target, Whole Foods, Starbucks, McDonalds, Facebook, AT&T y Prius; a nivel inconsciente Google y Prius quedaban fuera de la lista.

El *top ten* de marcas a nivel inconsciente fueron Target, Amazon, Facebook, Whole Foods, National Enquirer, Exxon, McDonalds, Apple, Starbucks y AT&T. Además del aprendizaje de tomar en cuenta ambas formas de pensamiento, la investigación identificó un tipo de consumidores que podían lidiar con los aspectos contradictorios, que estaban más montados en la era digital y que sentían que los mercadólogos "no les llegaban" —algo muy expandido en nuestros días.

Lo anterior nos lleva a pensar que dentro de los sesgos existe una brecha o distancia entre lo que nuestro consciente e inconsciente dicen. En 2009 un estudio en la Universidad Estatal de Ohio concluyó que dedicaríamos un 36% más de tiempo para leer un ensayo si éste se alineaba con nuestras opiniones.

Por otro lado, sobre un aspecto relacionado con el inconsciente, Belle Beth Cooper habla de varios errores que nuestro cerebro realiza cada día de forma habitual. Algunos de estos errores, que conectan con lo que nombramos sesgos perceptuales, son rodearnos de información relacionada con nuestras creencias y principios, haciendo a un lado lo que no confirma nuestras creencias (anteriormente hablamos del sesgo de confirmación), la "ilusión del cuerpo del nadador" nos arroja la observación generalizada pero distorsionada de que confundimos factores de selección con los resultados obtenidos.[48]

Asimismo, solemos predecir la probabilidad de las cosas aunque no tengamos ninguna evidencia, racionalizar compras de cosas que en realidad no queríamos (relacionado con el efecto ancla antes mencionado, de tender a enfocarnos en un valor particular y comparalo contra otros). Le creemos más a nuestra memoria que a los hechos o evidencias.

"Idea equivocada: le das sentido a la vida a través de la contemplación racional. La verdad: le das sentido a la vida a través de la narrativa". David McRaney.

En muchos casos los *insights* consisten en encontrar esos sesgos o distorsiones de la percepción, juicio u observación del consumidor y buscar para la marca un camino para que ataque o solucione dicho sesgo. A menudo también los *insights* tienen que ver con necesidades, satisfacciones, insatisfacciones, deseos, hábitos, costumbres, aspiraciones, preocupaciones y más.

Tal como menciono en mi libro *Genoma de Marca* el *insight* es algo revelador que encontraste en el consumidor, que asincera una verdad de éste y abre una oportunidad para una marca.[49] Y esta verdad normalmente puede esconder un detonador de compra, una barrera, una forma particular que utiliza el consumidor para solucionar algo (limpiar plata con salsa Valentina), un prejuicio, una conducta, un valor, un mito, y claro está, un sesgo perceptual. Por ejemplo, existe la distorsión perceptual al pensar que los chocolates o relojes suizos son mejores, que un Latte es más rico que un café con leche, o que una cuba libre con Coca-Cola o Pepsi versión Light engordará mucho menos.

Los *insights* están relacionados con la percepción. Apple hace tiempo encontró que el mundo de las computadoras era percibido como serio, aburrido, lleno de términos técnicos del que una persona común no sabía. Librerías Gandhi encontró que a mucha gente no le gustaba leer porque era tedioso, tenía uno que saber de libros y requería mucho esfuerzo. Swatch alguna vez encontró que la gente percibía a los relojes como un objeto que provoca emociones alrededor de comprar.

Resulta crucial para las marcas identificar los principales sesgos perceptuales que no les están permitiendo crecer más, y hacer algo con ello. Tener dentro de sus estrategias de marketing un rumbo, un plan para ya sea contrarrestar, minimizar, maximizar o alterar dichos sesgos. Y tú, ¿qué sesgos perceptuales encuentras que se hace el consumidor o cliente en el mercado en que estás?

4.5 Sesgos Hacia Las Marcas

A continuación presentaré una serie de sesgos perceptuales o distorsiones de percepción en el mundo del *marketing*, en general y en México. Mencionaré los más significativos:

Sesgo perceptual 1: El dilema de ser "La marca de mi abuelito"

Es un reto común en el terreno del *marketing* enfrentarse con una marca que ha sido exitosa y con gran tradición, pero que en la actualidad se ha quedado un tanto atrás, no es tan vigente como antes y le cuesta conectar con la nueva generación de consumidores.

En este caso nos encontramos ante la percepción del consumidor de una marca o marcas que no han logrado actualizarse y adaptarse a los nuevos tiempos. Se dice en el mundo del *marketing* que no hay marca que no se tope, a lo largo de su historia, con un momento como este. Tarde o temprano sucede.

Nunca pensó General Motors que llegaría a una etapa de profunda crisis como hace unos años, tampoco Ford, Levi's, Kodak, IBM o muchas más.

Me imagino que es algo en lo que no piensan hoy Google, Apple, Samsung o Amazon por sus excelentes resultados, pienso que algún día les llegará ese momento. En los mercados nada es estático y ahora menos, todo cambia rápidamente: un nuevo competidor o producto sustituto, un nuevo hábito de consumo, o una tendencia. En este caso nos referimos al sesgo perceptual de que una marca ha pasado de ser "mi marca" a "la marca de mi abuelito". Pero no todas son malas noticias.

En efecto, existen marcas que no logran actualizarse ni conectar con las nuevas generaciones o con el mismo segmento de consumidores; mientras hay otras que sí lo consiguen a corto o largo plazo, en ocasiones lo logran después de una época de crisis y realizando un "regreso triunfal".

Cuando hablo de las marcas rezagadas me refiero a Blockbuster, Brut, jeans Yale, calzado Charlie, Yahoo, cerveza Sol (ya no es una marca que esté en los reflectores de la publicidad nacional de cerveza), Baby'O de Acapulco, o Nokia, que de ser la marca número ocho en 2010, en el *ranking* de las marcas con mayor valor del mundo según Interbrand, pasó a ser la número catorce en 2011 y diecinueve en 2012, es decir que ha ido perdiendo *momentum*, al igual que BlackBerry, MTV o Gap, ésta última ha tenido una caída importante en su valor de marca en los últimos doce años frente a H&M y Zara.

De hecho existen quienes año con año hacen un listado de posibles marcas que desaparecerán. En 2012 nombraron a algunas como American Apparel, Nokia, Saab, Sears y Sony Pictures entre otras. Cada año *24/7 Wall St.* lanza un listado de marcas que supone que ya no existirán en un tiempo. En 2010 nominaron a Blockbuster y para el 2013 a American Airlines, Research in Motion (BlackBerry), Myspace, entre otras. La aerolínea Pan Am tampoco vive para contarlo.

Sin embargo, existen otras marcas que al encontrarse en el mismo dilema consiguen reposicionarse en la mente de los consumidores y, sin romper con su "genoma" o "esencia" de marca, logran revitalizarse y volver a conectar con la juventud o con su público objetivo. Tal es el caso de Old Spice, tenis Panam en México, Levi's, Burberry o Ford, que había perdido 19% de su valor de marca en 2007. Algunas denominaciones que dan para este tipo de marcas que logran regresar y que algunos podrían llegar a nombrar *Comeback Brands, vintage,* retro, icónicas o clásicas.

Este tipo de marcas lograron cambiar el sesgo perceptual haciendo que el consumidor las visualice como "eternas" o que el tiempo no las afecta, que representan un pasado dorado aún deseable en el presente, o que tienen un alto valor simbólico. Aquí es muy importante resaltar que existen marcas que apelan a gente de mayor edad o de alto estatus social, pertenecen a un nicho determinado, son exitosas y no tienen una tendencia de perder valor de marca como Hermes, Patek Phillipe o Chivas Regal, por mencionar algunas.

Volviendo a las Fading Stars o "estrellas que se desvanecen", se trata de marcas que normalmente son bien conocidas, de hecho pueden haber sido líderes de una categoría de producto pero con el tiempo han sido sobrepasadas por otras marcas y han perdido atractivo y ventaja competitiva. Si logran una estrategia efectiva podrían llegar a pasar las pruebas del tiempo, tal como hemos mencionado anteriormente.[50]

Sesgo perceptual 2: Un riesgo menor que parece mayor

En ocasiones sobredimensionamos el riesgo que representa algo para nosotros, comparándolo con los hechos y evidencias o, por el contrario, solemos darle una dimensión menor a un riesgo real y fáctico. A veces tenemos más miedo de lo que la evidencia científica demuestra respecto a un riesgo menor; en otras ocasiones no ponemos límite a nuestro miedo en torno a un riesgo evidente y peligroso.

Este es uno de los puntos que analiza David Ropeik en su libro How Risky Is It, Really?: Why Our Fears Don't Always

Match The Facts (¿Qué tan riesgoso es, realmente? Porqué nuestros miedos no siempre corresponden a los hechos") sobre los riesgos y los hechos y se relaciona con nuestro tema sobre cómo la realidad y la percepción en muchas ocasiones no van de la mano.[51]

Pero el autor comenta que normalmente de ese tipo de riesgos se suele culpar a los medios, políticos, mercadólogos, y a una comunicación pobre acerca de los riesgos. Es decir, que el riesgo es atribuido a algo externo que proviene de fuera y no a algo relacionado con la percepción del sujeto. En realidad existe un componente subjetivo y perceptual no basado en hechos o haciendo un uso parcial de los hechos para percibir a algo como muy o poco riesgoso. Y lo importante para el autor es conocer la brecha o la distancia entre la realidad y la percepción, con el fin de cambiar las percepciones y que éstas estén más cerca de los hechos o de las probabilidades de que ocurran las cosas.

El «perception gap», brecha o desfase de la percepción es la distancia potencialmente peligrosa entre los miedos y los hechos, es un riesgo que debemos de reconocer para que lo podamos reducir, que es el propósito que se marca este autor.

Este elemento se presentó cuando los consumidores se comportaron de una forma sorprendente y de gran cautela ante el caso del plomo en los juguetes Mattel que eran fabricados en

China, ante el sonado caso de la caída del avión de Air France hace unos años, y ante el de la carne de caballo y algunas marcas de *fast food*. Es un fenómeno normal de los consumidores que debemos tomar en cuenta para nuestras estrategias o para anticiparnos a una reacción del consumidor hacia un acontecimiento.

No debemos olvidar que también aplica a los mismos consumidores en categorías de producto donde el riesgo es un elemento importante para decidirse por una marca o por otra, ya sea por el alto desembolso que implica (autos), el riesgo de no contratarlo (seguros), o el riesgo sanitario de no consumirlo (productos para quitar contaminantes a la comida), etcétera.

David Ropeik plantea que debemos retar a nuestros miedos demasiado grandes o demasiado pequeños porque la forma distorsionada que tenemos al percibir los riesgos nos pone en verdadero riesgo.

El *gap* perceptual en sí es un riesgo, por esto el autor plantea que entender las raíces de las respuestas emocionales al miedo es algo crítico para tomar decisiones más sanas, certeras, saludables y astutas como individuos y como sociedad.

Como recientemente comentan algunos autores existe una dicotomía entre un sistema que es racional, analiza datos, se enfoca a las evidencias y hechos, y otro más instintivo y emocional, que se basa más en corazonadas, intuiciones y sentimientos. Sin embargo, desde el punto de vista de David Ropeik este argumento es falso porque dicha dicotomía se fundamenta en el cómo respondemos a los riesgos que no existen. Narra el ejemplo de una mujer fumadora que sin duda sabe sobre los riesgos que implica fumar pero una serie de emociones hacen que ella perciba su acción como menos riesgosa.

El sistema de percepción de riesgos es un solo sistema con muchas diferentes facetas, y todas contribuyen a crear juicios sobre las cosas que nos asustan.

Necesitamos nuestros sentimientos para otorgarle un sentido a las cosas, para juzgar pros y contras, riesgos y beneficios, para decidir entre diferentes alternativas. Requerimos sentir que una de las opciones era la correcta. Necesitamos a las emociones para decidir, ya que sin ellas, solo existirían datos sin sentido.

Como bien sabemos, existe un lazo entre razón y afecto, hechos y sentimientos. No es uno u otro. Los dos conforman un todo que nos ayudan a percibir el mundo y a la toma de nuestras decisiones de consumo.

En la vida cotidiana encontramos numerosos casos en los que los consumidores perciben y escogen productos o soluciones más riesgosas que otras por sus percepciones, que no se encuentran del todo sustentadas en evidencias observables, o que se alejan de la opción más segura. La seguridad que siente y percibe el consumidor es algo subjetivo sostenida por una serie de pequeñas evidencias influidas por los comentarios de gente cercana, mitos, datos fuera de contexto o por una historia escuchada, etcétera.

Como menciona David Ropeik, un dato se puede

proyectar con un enfoque totalmente diferente, como el desastre de Chernóbil. Veamos dos casos que él expone:

1) "Más de 5,000,000 de personas vivieron en áreas contaminadas por el desastre radioactivo del accidente nuclear en Chernóbil. Una controversia considerable aun permanece sobre el número de muertes entre las personas que estuvieron expuestas, se estima que se encuentra en el rango de 4,000 hasta más de 100,000 personas".[52]

2) "Hasta el momento, las autoridades creen que 56 personas murieron en la radiación del accidente de Chernóbil. Una controversia considerable aún permanece sobre el número de muertes entre todos los que estuvieron expuestos, que se estima que está entre el rango de 4,000 hasta más de 100,000".[53]

En realidad quien lo lee no tiene un estimado objetivo y exacto de lo que ocurrió en Chernóbil. Tal es el caso de lo que sucede en el mundo de las marcas, donde los consumidores perciben cosas a través de datos, historias y enfoques diferentes sobre marcas, productos, usos, atributos, beneficios, etcétera.

¿Tendrás todo el tiempo que desees para salir a investigar todo lo que necesitas saber para llegar a un estimado? No. Tu habilidad para ser perfectamente racional está atada y limitada.

Es probable que el primer ejemplo sobre Chernóbil te preocuparía más que el segundo que habla de la evidencia de 56 muertes. Nuevamente estamos hablando de percepción. Los ejemplos demuestran que en ocasiones pensamos que es más riesgoso algo sin que haya evidencia de ello, y viceversa.

¿Porqué un accidente de avión con pocas víctimas se considera una catástrofe, pero al enorme número de muertes por ataques al corazón de todos los días no?

En realidad nuestra respuesta al riesgo depende de la naturaleza afectiva de la amenaza, no solo del número de víctimas. Lo mismo sucedió con el número de fallecidos cuando se dio la epidemia de casos con el virus AH1N1 en México, que frente a otros desastres naturales, diabetes o infartos, mostró un número muy inferior y muchos ciudadanos no lo percibieron así.

Las personas tomaron acciones preventivas como nunca, compraron irracionalmente cubrebocas — cabe señalar que el precio de éstos aumentó considerablemente en pocos días—, compraron desinfectantes, se lavaban las manos como nunca, los lugares públicos se encontraban vacíos, etcétera.

Y lo mismo ocurre en los consumidores al calcular los riesgos que representa cambiar una marca por otra, al contratar una cuenta bancaria, un seguro, al adquirir algo de tecnología o un automóvil. Otra vez son sesgos perceptuales que aunque no estén fundamentados en lo real, es algo con lo que tenemos que jugar los mercadólogos. Si la gente no ve ningún riesgo de salud en el hecho de ser obeso o tener sobrepeso, quizás difícilmente la convenzas si le muestras datos, porcentajes y número de muertes por esta causa; es probable que el consumidor haga "oídos sordos". Ese es el punto de partida para nosotros los mercadólogos, en estos casos se impone la reflexión y el planteamiento de la estrategia a seguir.

Por último, diversos autores —tales como Jacoby y Kaplan— hablan de distintos tipos de riesgo que el consumidor percibe: riesgo funcional, riesgo físico, riesgo financiero, riesgo psicológico, y, riesgo en tiempo.[54]

Sesgo perceptual 3: la marca que salpica a toda la categoría

Dentro del ámbito de los cambios perceptuales se ha estudiado los posibles giros que se dan en una categoría entera como resultado de que una marca comunique una nueva noticia, de a conocer una innovación, novedad o escándalo, o que sacuda a toda una categoría.

En 2006 Dahlén, Micael, Lange, Fredrik realizaron una investigación sobre el posible contagio de una situación de crisis de una marca determinada en otras de la misma categoría. Encontraron que en un mundo donde es cada vez más factible que el consumidor vea o escuche ruedas de prensa o noticias negativas sobre una marca —

propaganda—, la crisis de una marca sí puede afectar a la imagen de las otras.[55]

> *"El efecto de atracción se relaciona con el fenómeno de cómo añadir una nueva alternativa al 'set' de decisión altera la disponibilidad de decidir por las alternativas existentes".*[56]

Esto nos quiere decir que cuando aparece un nuevo jugador o competidor en un mercado, la atracción de la categoría de productos puede cambiar. ¿Qué implicó la aparición de Netflix para la categoría de renta de películas?, de Starbucks o Cielito en cafeterías? o de Home Depot en mobiliario y acondicionamiento del hogar?. Por otro lado, el set se refiere a la serie de alternativas, productos, servicios o soluciones que el consumidor percibe que tiene en determinada categoría de productos.

En México es algo que hemos visto, aunque esto no quiere decir que los consumidores eliminen o dejen de consumir una categoría entera, pero sí puede afectar la percepción sobre ella; y como sabemos, muchas veces el cambio de comportamiento de los consumidores está precedido por un cambio de percepción.

Por ejemplo, el escándalo de McDonalds sobre su comida con demasiadas calorías y, por lo tanto, ser poco sano —que se suma a escándalos de otras cadenas de *fast food* como KFC— ha estado creando un efecto negativo en toda la categoría. Otros ejemplos son: la inseguridad en los centros nocturnos, el efecto nocivo de las bebidas energizantes, el turismo en ciertos lugares del país que muchos perciben como algo generalizado, etcétera.

Sesgo Perceptual 4: Si consumo la marca me parezco a quienes percibo que la consumen

Como sabemos, el principal usuario o consumidor de una marca es un referente importante para grandes segmentos de consumidores. En este sentido son importantes la empatía, aspiración o identificación del consumidor con quien es percibido el usuario del producto; también lo es la eliminación, es decir, el no querer ser identificado con utilizar el producto.

En muchas ocasiones para los consumidores se vuelve una referencia relevante la opinión de los demás sobre quien es el típico consumidor o usuario de una marca, y aquí estamos hablando nuevamente de percepciones y sesgos que toman parte de lo que el consumidor observa y de lo que su percepción le dicta.

Lo anterior se observa claramente en categorías de lujo o en productos de consumo masivo donde hay consumidores que se identifican con usuarios de la marca o celebridades que las abanderan (por ejemplo Nike, Adidas, Johnnie Walker, Ferrari, etcétera).

Como en toda percepción, más allá de la realidad fáctica de quienes son los consumidores típicos de una marca, el consumidor se hace una idea a partir de lo que observa en la publicidad, de quien la consume y quien no, o de una experiencia directa que tuvo con la marca.

Nuevamente, cuando decimos que hay un sesgo perceptual nos referimos a que el consumidor se hace la idea de quien es el principal consumidor y promotor de la marca. Esto tiene un efecto inmediato en su imagen de la marca, sus actitudes y sus comportamientos hacia ella.

Lo entendemos cuando se refiere tanto al consumidor, como al principal detractor de la marca. ¿Qué joven no se fija en marcas que usa la gente mayor o sus padres, justo para no utilizarlas? ¿Quién no se fija en qué marca de reloj utiliza Brad Pitt o Fernando Alonso? ¿A quiénes vemos beber un Chivas Regal, un Bacardí Añejo, comprar una Mac? Aquí no sólo nos referimos a una persona, ya que hay casos donde lo que se asocia es un personaje creado por una marca, y que también proyecta una personalidad— tales como Mamá Lucha, el Osito Bimbo, Pancho Pantera de Choco Milk o el Conejo de Nesquik.

Es un tema que tiene que ver con la identidad que tiene cada consumidor, y con cuál se identifica y "espejea" más. También con cuál se llega a identificar más su grupo de amigos o de referencia. Este factor de sesgo ha hecho que muchas marcas lo utilicen para reorientar o refrescar su posicionamiento, o abandonarlo cuando la persona o personaje le otorgaba percepciones negativas.

Sesgo perceptual 5: La celebridad siempre es una razón para celebrar

Solemos pensar que el hecho de utilizar un futbolista exitoso, una actriz atractiva y conocida, o un líder de opinión hará que automáticamente los consumidores se queden con una buena imagen de la marca anunciada y, por lo tanto, las ventas serán mayores. Sin embargo, existe todo tipo de casos, algunos exitosos y otros no, que nos llevan a pensar que una celebridad no genera grandes cambios de percepción si no está acompañada por una buena idea. Asimismo, varias celebridades tienen una imagen percibida que no se mantiene en el tiempo, los escándalos llegan a afectarlas, así como el exceso de marcas que patrocina; si es deportista una baja en su desempeño también afecta su imagen.

Además, al final las celebridades también son humanos que pueden tener percepciones negativas, pueden caer en confusiones o controversias o pueden no llegar a sostener el éxito que han obtenido hasta el momento. Tal es el caso de Ana Guevara, el del Lance Armstrong, acusado de dopaje, o Juan Manuel Márquez el boxeador que lució en sus calzoncillos el logotipo del PRI en una función de box. Cuando pasa lo anterior, la celebridad afecta negativamente a la marca, más allá de que el producto sea muy bueno.

Las marcas tienen como misión construir y posicionarse. El artista o músico puede o no representar un endoso efectivo para los objetivos que se fijó la marca.

El endoso de celebridades es siempre un arma de doble filo y tiene un número de positivos – si se han acoplado propiamente puede hacer maravillas a la compañía, y sino puede ser un boomerang.[57]

Dependiendo del ciclo de vida del producto y la categoría, el propósito principal es que la marca atrape la atención de los consumidores. También la celebridad puede dar un toque de sofisticación, clase y *glamour* a la marca o al producto, usando su fama para generar impacto y conciencia de marca. Es decir contribuyendo a que la marca logre giros perceptuales. Por ejemplo, George Clooney le aportó una serie de sus características a la marca Nespresso.

El hecho de utilizar a una celebridad se debe a las siguientes razones:

- **Notoriedad rápida.-** Es una estrella que llama enormemente la atención, por lo que tiene un valor. Una marca como los relojes Breitling con John Travolta ha impulsado el conocimiento de la marca a nivel global, hasta más allá de su *target*.
- **Conexión rápida.-** No es necesario que se tenga un *insight* si la marca ya conecta con la celebridad. Nos queda claro que la conexión que tuvieron Michael Jordan y Tiger Woods con Nike era muy grande; de hecho, hay casos que marca y celebridad prácticamente se mimetizan.
- **Clave rápida para alcanzar valores de marca.-** Puede representar un atajo para que la marca sea asociada con una serie de atributos o valores. La estrella en sí misma puede representar un mensaje acerca de la marca —o una actitud de la misma— sin necesidad de tantos mensajes o **storytelling.** Cuando Robert de Niro apareció hace varios años en el comercial de American Express en Nueva York y Harvey Keitel en el de Johnnie Walker, los valores de cada uno de los actores lograron transmitirse a la marca.
- **Medio rápido de diferenciación de marca.-** En una categoría de productos donde hay baja diferenciación, la celebridad puede ser un factor clave para lograr que la marca sea percibida de forma diferente a las demás. A

través del tiempo hemos visto una cantidad importante de estrellas con el fin de "descommoditizar" (es decir, utilizar celebridades para que la categoría o una marca en específico no sea vista como un *commodity* o un producto más) categorías tales como papel higiénico, tiendas de autoservicios, jabón, champú y muchas más.

- **Garantía.** Las estrellas en realidad endosan o extienden su credibilidad a la marca, casi como una garantía de producto o de su posicionamiento. Esto se da mucho cuando se usan expertos en temas como un doctor o un dentista que con endosos garantizan la calidad en productos farmacéuticos, etcétera. Pero también con marcas que han tenido un período difícil y están tratando de recuperar credibilidad.

La credibilidad de la celebridad no es un asunto cerrado ni estático y en ocasiones llega a ser cuestionable. Los consumidores están más informados que antes, y se enteran más tanto de la celebridad como del comportamiento de las marcas. Los consumidores comparten artículos, comunican rumores, *tuitean* sus propias impresiones, etcétera.

A menos de que la categoría y la celebridad estén verdaderamente relacionadas, se puede volver un mero asunto de visibilidad y *awareness* de corta duración (ser conocida la marca o que el consumidor tenga conciencia de que ella existe).

Por otro lado, si la celebridad empieza a aparecer en anuncios de diversas marcas, el consumidor puede considerar que "se vende al mejor postor", algo no bien recibido por ciertos sectores de la sociedad y, por ende, en algunos consumidores. Algunos en un tiempo tuvieron esta impresión de Hugo Sánchez, o recientemente del futbolista "Chicharito".

El consumidor ve a la celebridad en un número grande de marcas y categorías de producto, por lo que la puede empezar a percibir como gastada o en algunos casos hasta oportunista (que para sacar dinero se asocia a todo tipo de productos y marcas).

También existen casos en los que las marcas se endosan atributos de personas o marcas menos conocidas junto con sus rasgos de personalidad, actitudes y valores. Cuando la marca Intel aparece en la marca Dell, o café Punta del cielo o Sanborns en líneas aéreas, o Nike que ha patrocinado a deportistas novatos que apenas comienzan, etcétera. Claro que nuevamente es importante el *fit* entre las asociaciones con la marca y la celebridad o persona.

Por otro lado, es un hecho que en una gran cantidad de casos la utilización de una celebridad le aumenta atractivo a la marca.

> "Se ha encontrado que todos los respondentes han escuchado endosos de celebridades de los cuales el 94% de los encuestados creen que el endoso de la celebridad incrementa el nivel de interés en el producto". [58]

En una entrevista que se realizó, se encontró que de todos los que habían escuchado de los endosos de celebridades, 94% de los entrevistados creían que dicho endoso incrementaba el interés por el producto. También hallaron que la televisión es el medio de información más grande para los espectadores con respecto al endoso de la celebridad, debido a que 85% de los encuestados han escuchado sobre la celebridad por lo menos una vez en la televisión.[59] Otras fuentes de información relevantes son internet — hoy en días las redes sociales— periódicos, boca a boca, radio, etcétera.

Asimismo, al menos tres de cada cuatro entrevistados estaban de acuerdo o muy acuerdo en que la celebridad ayuda a atraer al consumidor, aumenta las ventas y le transfiere características positivas al producto. Y seis de cada diez afirmaban estar de acuerdo en que una celebridad no debe de endosar a un producto que sea dañino o con poca ética para la sociedad y el consumidor. Además, curiosamente, 97% estaba de acuerdo en que las celebridades participen en *marketing* social o buenas causas como el combate contra la polio, el cáncer y el VIH.

A mi parecer la conclusión más importante es que en el estudio se evidencian algunos criterios que los consumidores buscan que tenga una celebridad:

- Credibilidad.
- Agrado.
- Confianza.
- Honestidad.
- Concordancia con la personalidad de la marca.
- Imagen.
- Sea experto en lo que anuncia (sabe de lo que habla).

Como vemos, el hecho de utilizar celebridades tiene grandes efectos en el mapa perceptual de los consumidores. Es decir, en la representación que se hace el consumidor en la mente con respecto a dimensiones, características o atributos y a diversas marcas y productos, de las que hablaremos más adelante. Cuando hablamos de mapa perceptual en sentido estadístico nos referimos a una herramienta donde se utiliza un análisis multivariado donde existen ejes y posiciones de marcas, características y dimensiones de producto.

Sesgo perceptual 6. Lo superlativo es lo nuevo común

Vivimos en la época donde no es suficiente decir que un producto o una marca es buena, confiable, de buena calidad o durable. Dado el entorno, la cultura, el discurso de las marcas y la utilización cada vez mayor de superlativos como *hiper, super, mega, VIP, premium, supermacro,* garantía total, etc., el significado de los términos se va gastando en la mente del consumidor y van perdiendo sentido o se banalizan las características de la marca.

Cuando un consumidor llega a escuchar que algo es confiable o tiene calidad, le parece insuficiente, quiere más. El término calidad no tiene el mismo significado hoy para un joven de 18 años que para su abuelo de 60. No es nuevo decir que el lenguaje, términos, palabras y conceptos que utiliza el consumidor están en constante cambio.

En el mundo de la percepción, hay términos que van atenuando su significado y su efecto, es un hecho que en realidad hoy existe una tendencia del consumidor en utilizar palabras que denotan una mayor intensidad de un sentimiento o de una percepción buena o mala que antes. Estamos en la era de "amo", "odio", "megabuena", "malísimo". Este sesgo perceptual tiene que ver con la utilización del lenguaje, y palabras con superlativos que a su vez se relacionan con la cultura actual —tanto local como global—, y que más allá de ser tácticas de venta de las marcas y corporaciones, implican un sesgo perceptual de marcas o productos.

Sesgo perceptual 7. Lo que escasea ha de ser mejor

La escasez de un producto es un elemento que impacta en la forma en que los consumidores perciben a los precios de los productos. Cuando un producto o marca es escaso, normalmente se percibe que ha de ser de mayor precio o mayor calidad, lo mismo ocurre a nivel perceptual, por ejemplo, con el oro, la plata, los diamantes, las angulas o el caviar.

Lynn, en 1991, afirmaba que la escasez de los productos afecta a la percepción de los mismos y los hace más atractivos y deseables. Y por lo mismo en muchos casos el consumidor está dispuesto a pagar más por el producto o la marca. En sus propias palabras: "tan pronto como los consumidores perciben estos productos escasos como únicos y, consecuentemente como irremplazables, el miedo de perderlos incrementa el deseo de control sobre los productos".[60]

Sin embargo, si es exagerada la escasez —como estrategia de marca— hay casos donde el consumidor ya se puede volver suspicaz y puede estar visualizando que la marca no está siendo transparente, o que está coartando su libertad de escoger y puede representar un factor de rechazo de la marca o producto. Es decir que en el extremo de que un producto sea escaso puede traerle efectos negativos a una marca, cuando el consumidor siente que las alternativas de compra se limitan.

Podríamos seguir con otra gran cantidad de sesgos perceptuales, sin embargo son muchísimos y también están anclados a mercados, segmentos de consumidores, categorías de producto entre otros temas. Además de que los sesgos se aplican a todo tipo de componentes de *marketing*: precios, *packagings*, productos, logotipos, sabores, ingredientes, canales de distribución, productos, países de origen de fabricación, testimoniales, etcétera.

Cada marca debería identificar cuáles son los sesgos perceptuales o distorsiones que el consumidor tiene acerca de ella o de los temas relacionados que le afectan de alguna forma —de su competencia, de la categoría, de una nueva categoría, etc.—, y que no le permiten crecer en el mercado, que su negocio crezca más rápido o que le ha repercutido en problemas de ventas, posicionamiento o comunicación de su propuesta de valor.

¿Tienes una marca de ron y te perciben de baja calidad o dirigida a un segmento de menor nivel socioeconómico del que realmente quieres que lo consuma? ¿Tienes el champú con mayores beneficios funcionales de la categoría y el consumidor no lo visualiza así? ¿La categoría de brandis está capa caída y aunque tú tienes un novedoso concepto de marca, el consumidor te pone en la "canasta" de los brandis? ¿Has lanzado innumerables innovaciones de producto y el consumidor sigue viendo tu marca como la del abuelo o muy lejana al mundo de los jóvenes?

Es importante que hagas un listado exhaustivo de lo que a nivel perceptual tu público objetivo distorsiona y de cómo influye en tu mercado, en tu marca, tus competidores, los productos substitutos, la categoría de producto, los usuarios de las marcas, el país de origen de fabricación, el medio publicitario que usa la marca, etcétera.

La distorsión perceptual se vincula con algunos de los conceptos que comentamos antes:

- Perpetuar primeras impresiones.
- La utilización de estereotipos antes de tener más información y darse una idea más completa de una marca o algo relacionado con ella.
- Concluir algo sobre una marca de forma precipitada. El consumidor no espera a saberlo todo sobre una marca o producto para llegar a una conclusión. A veces se hace un mapa perceptual mental de una sola dimensión o muy pocas (productos caros y baratos, productos para chavos y los de tradición, etcétera). Con frecuencia el consumidor llega a una serie de pocas categorías que no van en línea con el direccionamiento exhaustivo que hacen los mercadólogos sobre un mercado.
- Exagerar el riesgo de probar un nuevo producto, de los efectos de cambiarse de compañía o minimizar el riesgo de un hábito o ritual de consumo.
- Efecto halo y efecto ancla.
- Descontextualizar algo para ponerlo en otro contexto.
- Mayor distorsión perceptual hacia los servicios. En ocasiones existe una mayor distorsión perceptual hacia los servicios que hacia los productos, debido a que los primeros son intangibles, más difíciles de comparar objetivamente, entra la experiencia personal que es distinta para cada uno, los servicios que provee la marca son variables —depende quien te atendió y a quien atendió—, son perecederos, es decir que se consumen en

el momento y no se pueden inventariar, se producen y se consumen al mismo tiempo.
- El bloqueo perceptual que aparece cuando el consumidor está saturado de estímulos del exterior.
- Distorsionar la información que no va con sus valores, creencias, posturas o filosofía de vida.
- Estar más conscientes y atentos a estímulos que son placenteros.
- Seleccionar y atender a estímulos que van más en línea con los productos que necesita el consumidor, los que quieren o los que desea, y de lo que están más atentos o preocupados.

Al final, ¿cuál es tu percepción? ¿Existe una marca de la cuál fuiste muy cercano y ya no, sin que necesariamente hayas tenido una mala experiencia en su consumo? ¿Qué te alejó de ella? ¿Hay alguna marca que se avejentó o sientes que se quedó en el pasado? ¿Existe alguna marca que te haya provocado algún desencanto en la categoría completa a la que pertence? ¿Cuál? ¿Se te ha antojado consumir una marca por el tipo de gente que la consume? ¿O al revés? ¿Existe una marca representada por una celebridad que te haya dado la impresión que ambas congenian muy bien?

5. AGOTANDO EL USO DE LA PUBLICIDAD COMO DETONADOR DE PERCEPCIONES

"La publicidad tradicional nunca antes había sido menos efectiva de lo que es el día de hoy. Se ha convertido en un ruido de fondo filtrado en nuestros cerebros antes de que lleguemos a registrar la mayoría del mismo". Chris Grams.

Puede parecer exagerada la cita, pero si comparamos la cantidad de publicidad que existe en nuestros días de todas las marcas, instituciones, películas, espectáculos, políticos, así como la cantidad de estímulos, contenidos, objetivos planteados, con lo que recuerda el consumidor, lo que puede nombrar, lo que los mensajes tratan de comunicar específicamente, los giros perceptuales reales que logran, etc., nos daremos cuenta que, en lo general, la publicidad no está funcionando. Sin embargo, en lo particular hay casos que sí han funcionado —como siempre.—, en este caso se encuentra las marcas que han crecido considerablemente en valor los últimos años y que no han utilizado publicidad masiva (Apple, Amazon, Starbucks, Google, etcétera).

Claro, el contexto es totalmente nuevo, pero para el número de comerciales que el consumidor se expone diario, este tararea pocos eslóganes —y con varios errores—, canta pocos jingles, se hace pocas nuevas imágenes de marcas que conoce e inyecta toda su atención a muy, muy pocos estímulos publicitarios.

5.1 Chanclas, Películas Y El "Efecto Papa"

En realidad, en el mundo de la mercadotecnia se ha sobredimensionado el papel de la publicidad para los cambios o giros de percepciones. Si bien hubo un tiempo cuando los consumidores se sentaban y esperaban para ver el último comercial de una marca de automóviles o hablaban tanto de comerciales, hoy es distinto. La publicidad es un recurso y una inversión mercadológica que funciona y da resultados en varios casos, ya sea a mediano o largo plazo; sin embargo, en innumerables ocasiones el consumidor ni siquiera está consciente de la gran cantidad de marcas y piezas publicitarias que existen.

La cantidad de estímulos y mensajes publicitarios, promocionales y marcarios ha crecido exponencialmente durante los últimos años, sin embargo, no ha sucedido lo mismo con la capacidad del consumidor para captar todo lo anterior; el consumidor tiene un límite. Y por más que lo saturemos de mensajes e "interacciones de marca" —TV, radio, videos, anuncios y *banners* por YouTube—, la eficacia y eficiencia de la publicidad no ha mejorado.

Hay muchos casos en los que el éxito de una marca, en términos de posicionamiento y resultados en ventas, no es causado por una campaña publicitaria sino por otras razones. Veamos el siguiente ejemplo. Daniella Giavina-Bianchi, directora ejecutiva de Interbrand Sao Paulo y Beto Almeida, director ejecutivo y cabeza de identidad en Interbrand Sao Paulo, en conversación con Carla Schmitzberger, directora de la división de sandalias de alpargatas, la compañía origen de la marca brasilera Havaianas, nos hablan de su caso particular.

Carla menciona que hace siete años, cuando ella entró a la compañía, Havaianas era ya una marca exitosa. Narra como la marca era utilizada por los menos favorecidos en Brasil, aunque había un grupo pequeño de mayor nivel socioeconómico que también la compraba pero que la usaba sólo en sus casas, y que cuando salían con ellas se avergonzaban debido a que la marca era percibida para pobres.

La marca se reposicionó a inicios de los noventa con el fin de volverla más "aspiracional". En ese tiempo era una buena marca en términos de atributos funcionales (sencillas, cómodas, durables), sólo faltaba provocar un cambio de percepción para que consumidores de otros niveles socioeconómicos desearan comprar y usar la marca. Carla menciona que Havaianas empezó a ser una marca internacional cuando llegaban turistas a Brasil a fines de los noventa, conocían y compraban el producto y se los llevaban de vuelta a sus países de origen. Las chanclas eran más durables, y en general de buena calidad a nivel funcional, es decir, que cumplían muy bien su función.

La marca puso la bandera de Brasil en las chanclas y lo hizo para el mundial de futbol de 1998, cuando la selección brasileña fue subcampeona, renombraron el producto como "Copa Brasil", y hoy en día es uno de los que mejor se venden. La gente se llevaba las chanclas a su país porque además de la buena calidad, se llevaban algo perteneciente a Brasil. A principios del año 2000 se mejoró la distribución y exportación de las chanclas. Cuando tomaron las riendas del producto sólo 1% de las ventas se hacían fuera de Brasil, para finales del 2009 representaban ya entre un 12 y 13% y se llevaban a cabo en 85 países.

Como vemos en el ejemplo, no fue la publicidad masiva la que hizo que Havaianas fuera un caso de éxito o un fenómeno marcario, sino que existieron otros factores que lo detonaron como: la experiencia de los turistas con la marca y el hecho de llevárselas a sus países de origen y el lanzamiento de productos con la bandera de Brasil.

Otro ejemplo es el efecto que provoca una película sobre la percepción que se tiene de ciudades y lugares turísticos. Se ha visto que una campaña publicitaria gubernamental no es tan efectiva como lo puede ser una película. Tal es el caso de Nueva Zelanda con la película *El señor de los anillos* a inicios de nuestro milenio. El ministro de turismo afirmó que cada año 2.5 millones de turistas van a Nueva Zelanda gracias al éxito del filme —72% de los turistas que visitaron Nueva Zelanda habían visto alguna de las películas. En ocasiones la mejor campaña turística no es una campaña publicitaria.

En el mismo tenor, la segunda parte de la *Qué pasó ayer* (2011) ha levantado el turismo en Bangkok. De hecho, el gobierno de Tailandia ha sacado provecho y ofrece el paquete "La resaca", haciendo alusión a la película, e incluye lugares que salen en la misma como el Sky Bar, el Templo y el Chao Phraya. Ese paquete aplicado a la ciudad de Las Vegas también lo ofrecen. Los filmes de Harry Potter y Sherlock Holmes han hecho su contribución a la ciudad de Londres.

Otro ejemplo similar es el "efecto Papa Francisco", es decir, aquel provocado por el Papa por el hecho de ser argentino y latinoamericano. El efecto es un empujón turístico al barrio y lugares por donde transitaba el Papa en Argentina. "Esperamos mayor cantidad de turistas en los destinos religiosos, como Tandil, Luján y San Nicolás", declaró el secretario de turismo de la provincia de Buenos Aires, Ignacio Crotto, a la agencia estatal de noticias Télam. La ciudad de Buenos Aires, donde nació Francisco, también quiere aprovechar el "efecto Papa Francisco". El municipio ha organizado tres paseos turísticos guiados y gratuitos en torno de su figura; en ellos se puede conocer la catedral y la casa del arzobispado, sobre la Plaza de Mayo, donde vivía Bergoglio, y las iglesias de San Ildefonso, donde celebraba la misa dominical, y de San Francisco, santo del que tomó su nombre de Papa.

Los agentes turísticos sueñan con que, más allá de la Semana Santa, en el futuro reciban más visitantes extranjeros atraídos por los orígenes del primer pontífice latinoamericano, que tanto interés está despertando en el mundo por sus gestos de sencillez.

La provincia de Córdoba espera más visitas esta Semana Santa por el interés que pueden generar las estancias jesuíticas del siglo XVII, como las de Jesús María y Alta Gracia, que han sido declaradas patrimonio de la humanidad por la UNESCO.

David Aaker en su libro Tres amenazas hacia la relevancia de las marcas habla de cómo se puede energizar una marca a través de diferentes y diversos programas de marketing.

El autor menciona un abanico de opciones más allá de una publicidad convincente como una promoción envolvente, el reposicionamiento de una marca, abanderar una gran causa o propósito, un video viral, encaminar a una página web, una comunidad activa sobre un tema.[61]

Sobre el mismo tema, Chris Grams ha acuñado el concepto de "marcas libres de publicidad", que consiste en lo siguiente: "una marca construida de dentro hacia fuera utilizando la energía y la pasión de la comunidad de la gente que es la que más se preocupa, tanto dentro como alrededor de la organización".[62]

Saturar al consumidor de información y de mensajes no hace que el valor de las marcas aumente, tampoco la gran campaña publicitaria en muchos medios de comunicación. Si bien existen investigaciones que confirman que la repetición de los mensajes publicitarios sí tiene un efecto en la recordación y la consideración de las marcas, la mera repetición no es garantía de que dichos mensajes sean relevantes, se recuerden o refuercen el vínculo con una marca.

> *"Las grandes marcas del siglo XXI no se construirán diciendo, sino siendo". Chris Grams.*

Es un hecho que las marcas que exclusivamente cambian percepciones por grandes campañas como una vez lo hicieron Coca-Cola, Marlboro, vodka Absolut o Johnnie Walker, se van quedando solas.

La mayor parte de las marcas exitosas dentro del *top ten* y que más valor ganan han cambiado el molde de tecnologías, recurren a campañas virales, crean nuevas categorías que no existían, diseñan empaques sorprendentes (Apple), hacen relaciones públicas (Red Bull), etcétera. Ya no hay Michael Jacksons en los que recaiga tanto la percepción de una marca.

"La publicidad provoca solo 22% de la conversación que la gente tiene sobre una marca, esto significa que 78% de las conversaciones sobre las marcas no están relacionadas con publicidad".[63] Geno Church.

Un estudio de DDB Needham Worldwide sugiere que en nuestros días la publicidad negativa es uno de los factores más importantes que influyen en las decisiones de compra. De hecho, menciona que en muchas ocasiones existe una mayor influencia del publicity de una marca, que de su publicidad. Es por esto que es muy importante el posible efecto dominó que pudiera tener una marca con las demás. Dentro de la propia publicidad, pocas campañas logran lo que Rubinson señala: "la publicidad efectiva es aquella que es significativa a nivel personal, relevante culturalmente y que crea un sentimiento subjetivo de calidez y afecto positivo".[64]

En la investigación realizada por Romaniuk, J y S. Wight (2009) acerca de la influencia del uso o consumo de una marca en la recordación publicitaria (o las marcas de las que recuerdan publicidad), encontraron que en los tres tipos de medidas de recordación de marcas (Top of Mind publicitario, recordación total espontánea y ayudada), los consumidores tienen una mayor propensión a recordar marcas que utilizan o consumen que las que no usan. Es decir que recordamos más publicidad de marcas que usamos más.[65]

> *"Utilizando métodos sin ayuda y Top of Mind, era 2.5 veces más factible que los usuarios de la marca recordaran ver la publicidad que los no usuarios, mientras que con los que se utilizaron medidas de ayuda de marca esta se redujo a 1.7".*

Asimismo, se ha encontrado que quienes ven publicidad acompañados reducen su efectividad de recordación (43%) frente a los que la ven solos (63%).[66]

5.2 Ideas De Negocios Vs. Ideas Creativas

> *"Las ideas de negocios de los jugadores menos esperados y ángulos harán una disrupción más rápida de tu marca de la que la publicidad pueda salvarte".*[67] Rei Inamoto.

Rei Inamoto, *Chief Creative Officer* (CCO) de AKQA, se refiere al fin de la publicidad como la conocemos, habla de cuatro tendencias actuales que serán claves para la publicidad de la siguiente era. Veamos:

1) De integrado a conectado. Aparatos, productos, servicios y consumidores conectados de muchas formas.

2) De historia de la marca a historia de la gente. Los consumidores ahora buscan historias de consumidores, como la campaña de Dove "Las escenas de la belleza real" o "Encuentra tu

grandeza" de Nike.

3) De 360 a 365, haciendo alusión a campañas 360 grados. Frente a un consumidor saturado y con poco tiempo, el éxito de una campaña no debiera de ser medido a partir del número de medios o puntos de contacto sino por la longevidad, ambición e impacto que logra en la sociedad; la idea de 365 se refiere a 365 días de conexión entre gente y marca, aunque esté presente en un solo medio.

4) De la disrupción de los medios al invento del negocio. Aquí se refiere a que además de que los medios de comunicación se están multiplicando y se está rompiendo el molde del uso y alcance de los mismos, hay casos en que la innovación viene más del negocio y del producto, que de la publicidad o los medios.

5.3 La Mala Publicidad No Hace Tanto Daño Como La Mala Propaganda

En nuestros días la publicidad negativa es uno de los factores más importantes que influyen las decisiones de compra de los consumidores. En México aún no existen resultados contundentes, creíbles. Sin embargo hay varios ejemplos: las noticias del caso Monex y su presunta participación en la campaña presidencial de Enrique Peña Nieto en 2012, las noticias del lavado de dinero de HSBC, las caídas del sistema de Telcel, el caso de corrupción mencionado por un periódico americano sobre el momento en que Walmart abrió una tienda en Teotihuacán, entre otros.

Desde mi punto de vista, en muchos de estos casos, no se ha reflejado una caída en su cartera de clientes, o una desbandada de consumidores. No obstante, esta publicidad negativa sí puede crear algunos precedentes en los consumidores y generar un cambio en las actitudes de algunos segmentos específicos, sobre todo los más *anti-marketing* o contrarios a las grandes corporaciones y los mencionados "monopolios" en México.

Aún es pronto para ver el impacto real creado por los malos comentarios, críticas, burlas, noticias reales o información fuera de contexto en la percepción que los consumidores se hacen de las marcas. Sin embargo, como sabemos, las marcas no se pueden dar el lujo de esperar a ver si el *bad publicity* impacta o no en la forma en que los consumidores valoran y perciben a las marcas y empresas. Por esto, continuamente vemos desmentidos de marcas sobre rumores o información, como el de Coca-Cola, McDonalds, Walmart, y muchos más.

Por diversas razones, nunca antes habíamos visto casos de marcas que retiran publicidad por algún malentendido o porque una instancia pública se los prohíbe al poner reglas más duras para anunciarse, o de marcas que hacen aclaraciones o desmentidos en twitter, Facebook, los medios o alguna otra red social.

5.4 Otras Fuentes De Cambios De Percepción, El Entorno, La Cultura Y Las Campañas Gubernamentales

Si hay algo que hacen los gobiernos el día de hoy es comunicar posturas, crear programas y campañas que también en ocasiones movilizan la percepción del ciudadano o ponen en agenda mental temas poco comentados. Por ejemplo, en nuestro país las campañas contra el tabaquismo, la obesidad, la lectura, etcétera.

Claro está que, como todo estímulo de marca, algunos tienen una mayor efecto que otro. Por ejemplo, la campaña actual del Consejo de la Comunicación con estrellas del espectáculo y líderes de opinión para que estimular la lectura en los mexicanos, tuvo un efecto moderado en el hábito de lectura del ciudadano.

En seis años disminuyeron las horas que los mexicanos dedican a leer; en 2006, 21% dijo que leía menos de una hora a la semana, para 2012 ese porcentaje fue de 15%. De acuerdo a los datos arrojados por la Encuesta Nacional de Lectura 2012, en el sexenio que concluyó el índice de lectura de los mexicanos disminuyó, en relación al sexenio de Fox, de 56 a 46%.[68]

Sin embargo, temas como la venta de botanas saladas en las escuelas o los hábitos alimenticios, son comentados por los consumidores a nivel real y virtual. Hoy en día los consumidores o segmentos de éstos también pueden generar cambios de percepción, tales como el documental *Supersize me* acerca de los efectos negativos que provoca consumir la comida de McDonalds por 30 días, y los tamaños y calorías excesivos que poseen los productos de esta marca.

Asimismo, ante tanta saturación, exceso de contenido y las limitaciones perceptuales del consumidor, mucho de este cambio y reforzamiento de percepciones de marcas se da por causas sorpresivas. En ocasiones si analizamos al consumidor, en realidad encontramos que lo que hizo cambiar su percepción sobre un champú fue que lo probó sin querer en otra casa, o que probó en un muestreo de un súper y como no le gustó se tornó más leal hacia su propia marca.

En una encuesta de la Asociación de Publicistas Nacionales (Estados Unidos) y Forrester Research Inc., publicada en el *Boston Business Journal*, que se hizo entre 100 anunciantes nacionales, reportaron que los anunciantes opinaban que su presupuesto en TV estaba estable. Mientras el último año adjudicaron el 41% de sus presupuestos en medios a la TV, en 2008 la tele representaba el 58%. Asimismo, en la misma investigación 62% afirmó que los anuncios de TV se habían vuelto menos efectivos en los últimos dos años, comentando que la saturación era el reto principal de la efectividad de los comerciales.

A pesar de lo anterior, se vislumbra un futuro de complementariedad entre los diversos medios de comunicación (radio, internet, prensa, etc.) y la televisión. Llegar a la conclusión de que no hay que seguir utilizando la televisión como medio sería un error de lectura de lo que está ocurriendo en los diferentes medios y plataformas mediáticas. Por otro lado, es muy importante ver que si no hubiera saturación, el sistema perceptual del consumidor seguiría estando intacto. Hace décadas el consumidor estaba lleno de estímulos —aunque muchos menos que el día de hoy— de los cuales sólo captaba por los sentidos una parte de lo que estaba. Es decir, no es sólo la saturación la que hizo que el consumidor percibiera los estímulos mercadológicos de esta manera.

"Como el paisaje generalizado del marketing está en medio de un cambio masivo, asimismo está el medio icónico de la televisión". Bob Liodice (CEO y Presidente de ANA).

En resumen, vivimos tiempos de grandes cambios, la gente ahora tiene otra forma de ver la televisión, de interactuar y compartir cosas con otras personas y con las marcas, y de juzgar y percibir a la publicidad. Es importante considerar estas grandes tendencias, entre ellas los mecanismos que utilizan las personas para percibir, así como ejemplos que nos ofrecen las marcas de lo que ha funcionado o no. Asimismo, no olvidemos que la publicidad es sólo una vía para que las marcas cambien percepciones y, como veremos en el próximo capítulo, es indispensable que aprendamos a lograr giros perceptuales en la mente de los consumidores, ciudadanos y audiencias para tener un mundo mejor.

6. HACIA LOS GIROS PERCEPTUALES

En las páginas anteriores revisamos varios de los procesos que juegan un papel importante en torno a la conciencia y la percepción. También presentamos una serie de teorías e investigaciones actuales acerca de esta última. En este apartado trataremos el tema final desde dos planos: primero, cómo podemos lograr que nuestras marcas no pasen desapercibidas y, segundo, cómo conseguir que los giros perceptuales que tenemos como objetivo en la mente del consumidor con respecto a nuestras marcas, personalidades o instituciones, se cumplan.

Para esto, primero es importante hablar del rol de cambiar percepciones desde un punto de vista de la ética de las marcas.

6.1 Lejos De La Proliferación De Autómatas

Es importante contar con una serie de herramientas y recursos que permitan tomar mejores decisiones acerca de una marca. Para esto, es de extrema relevancia tomar conciencia de que tanto el *marketing* como la psicología, la sociología, la antropología, las neurociencias y demás disciplinas que contribuyen al entendimiento del consumidor, están muy lejos de llegar a aportar herramientas de conocimiento total y de manipulación de consumidores.

Con frecuencia se le adjudica al *marketing* un papel casi oscuro o hasta perverso. Se le acusa de inventar necesidades que el consumidor no tiene, de manipularlo más que persuadirlo a comprar productos inconscientemente. Si bien en el terreno del *marketing* contamos con herramientas para ayudarnos a mejorar nuestra posición dentro de los mercados, seguimos y seguiremos con casos de éxito y de fracaso, de lecturas correctas e incorrectas del consumidor, de *insights* poderosos de consumidor tanto correcta como erráticamente empleados.

El fin del *marketing* es desarrollar marcas que logren el éxito en llenar y satisfacer deseos, así como las necesidades de los consumidores, sin soslayar la rentabilidad del negocio. De hecho, la mayor parte de las marcas que creen lo contrario y piensan que al consumidor se le puede engañar con productos regulares, tarde o temprano ven las consecuencias negativas de esa mentalidad en el ámbito económico de las marcas. Estamos llenos de ejemplos.

Los consumidores, ciudadanos, clientes o audiencias no son zombis o autómatas manipulables al gusto de las empresas; son personas libres de elección con influencias diversas de marcas, publicidad, familias, amigos, carencias, necesidades y mucho más.

Es por esto que quiero dar herramientas a mercadólogos de grandes, pequeñas y medianas empresas, emprendedores, artistas, instituciones y más para lograr sus fines.

Sabemos que en realidad cualquier estímulo tiene potencial

subliminal. La publicidad subliminal es un ejemplo más del poder exagerado que se le atribuye a las marcas para sacar ventaja de los consumidores —además de que no ha funcionado a favor de las marcas y que es un recurso en total desuso — forma parte de cualquier argumento, discusión, gesto, foto, obra, *tuit*, comentario de un familiar o pieza publicitaria que puede adentrarse y dejar huella en nuestra mente por debajo de la conciencia.

6.2 Del Casi Al Perceptible

En estos tiempos donde abundan productos, marcas, publicidad y estímulos relacionados con empresas, personajes, gobiernos, instituciones, causas, celebridades, películas, actividades de esparcimiento y más, resulta trascendental que tu marca sea perceptible para el consumidor. Para esto es necesario que se cumplan y analicen muchos de los puntos que he tocado a lo largo del libro. Sin embargo, al hacer un ejercicio de síntesis he encontrado que existen diez elementos que ayudan a que tu estímulo tenga mayor posibilidad de ser captado por el campo perceptual del consumidor. Veamos.

1. Impacto sensorial. Si bien no todo lo que no pasa por los sentidos pierde la capacidad de tener un efecto en nuestras percepciones, cuando una marca tiene para ofrecer algo diferencial como un aroma, sonidos, algo visual que sea impactante para el consumidor, esto ayuda a que sea más perceptible.

2. Relevancia. Si llenamos una necesidad importante que el consumidor tiene en ese momento aumentan las posibilidades de que éste llegue a percibir nuestra marca. Si el consumidor está buscando regalos para navidad y se encuentra con una tienda de cajas y moños es posible que le llame la atención y se acerque.

3. *Timing*. Si estamos presentes en el momento oportuno en que el consumidor requiere algo, se quiere dar un premio, un descanso o desconectarse de la rutina diaria, estaremos más cerca de tener éxito.

4. Contexto. Estar en el contexto propicio, ya sea rompiendo con un entorno monótono e indiferenciado con algo distinto o adecuándonos a uno determinado para no sobresaltar negativamente al consumidor.

5. Limpieza y mensajero minimalista. Las marcas minimalistas, es decir, aquellas que tienen una imagen limpia y comunican mensajes claros, no sobrecargados, tienen una ventaja sobre un consumidor sobresaturado de publicidad y que, además, tiene poco tiempo para realizar sus compras o comparar productos. Aquí hablamos también de la simplicidad de códigos visuales, auditivos, etcétera.

6. Diferente. Proponer algo distinto en una categoría o mercado específico, lejos de *me toos* o copias. En ocasiones ser diferente puede crear desconcierto y ser algo positivo, pero en otros momentos puede tener el efecto contrario, más adelante retomaré esta contrariedad con un ejemplo.

Lo diferente puede ser desde el modelo de negocio, el canal de distribución, la marca, la comunicación, la estrategia de precio o *bundling*, etcétera.

7. Realidad «multi» y sinergias. Vivimos la realidad multi-pantallas, multi-actividades, multi-plataformas de comunicación y publicidad, y nos tenemos que adaptar a ésta. De hecho, podemos sacar ventaja de esta condición logrando sinergias si utilizamos diferentes medios para llegar al consumidor (por ejemplo, las redes sociales, la televisión, los parabuses, el periodismo, las relaciones públicas, eventos y más).

8. Códigos. Existe mayor conocimiento del uso de los avances en diseño gráfico y *neuromarketing*, que, si bien no dan recetas mágicas, sí nos ayudan a hacer un uso más inteligente y efectivo de colores, diseños, efectos, logotipos, medios, etcétera.

9. Audiencias. Aquí me refiero a determinar y delimitar bien targets y audiencias, es decir, a quienes van dirigidos tus productos o marcas, y entender cómo estas audiencias crean distorsiones perceptuales (¿minimizan? ¿maximizan? ¿efecto halo?). En momentos es tan importante el estímulo como la audiencia; difícilmente haremos que un adolescente tenga interés en una marca de leche que fortalece los huesos.

10. Potencial social/vincular. En nuestros tiempos las marcas o estímulos que tengan potencial para compartirse, comentarse o recomendárselo entre los consumidores presenta una ventaja para que un producto u objeto sea percibido.

6.3 Lejos De Recetas, Cerca De Herramientas

Lograr giros perceptuales forma parte de un proceso complejo del cual no existen recetas ni caminos simples de causa - efecto. Como revisamos en el capítulo anterior, en realidad en el mundo de la mercadotecnia se ha sobredimensionado el papel de la publicidad para los cambios o giros perceptuales, por lo que es importante repensar cuáles son verdaderamente los mejores vehículos para cambiar percepciones o cerrar el *perception gap*.

El objetivo del libro es abrir nuestra mente, quitar algunos mitos con respecto a este tema y pensar en otro tipo de estrategias y acciones de marca que tengan éxito. Por ejemplo, trabajar en cambios que implican manejos de diversos contextos, experiencias de marca, lanzamientos o la viralidad de algo que pudo nacer de forma pequeña y luego se volvió exponencial.

El tema del *marketing* viral, tan actual y utilizado en nuestros días —cuando los mercadólogos y gestores de marca buscan de forma premeditada pequeñas acciones o esfuerzos de comunicación—, el buen uso de redes sociales, o relaciones públicas (entre muchas otras posibilidades) que por su contenido generen efectos de bola de nieve y se expandan rápidamente han dado muy buenos resultados.

Los vehículos de cambios de percepción dependen del mercado en que estés compitiendo, sus diversos segmentos, la naturaleza de tu competencia, las tendencias, la categoría de producto y la propuesta de valor que hayas armado.

A partir de mi experiencia de trabajar en torno al tema de los giros perceptuales, y tomando en cuenta los diversos autores y teorías antes presentados, estoy convencido de que existe un proceso de trabajo que involucra seis claves.

6.4 Los Seis Puntos Clave Para Trabajar Los Giros Perceptuales

Existen seis puntos centrales para trabajar los giros perceptuales en el consumidor (ver cuadro 1). Este conjunto forma parte de un análisis profundo y exhaustivo que es recomendable realizar para combatir las distorsiones perceptuales que tienen los consumidores sobre tu marca, para cambiar percepciones y lograr nuevos posicionamientos, reposicionamientos, defensas frente a algunas actividades de tu competencia o más.

Cuadro 1: Los Seis Puntos Para Trabajar Los Giros Perceptuales

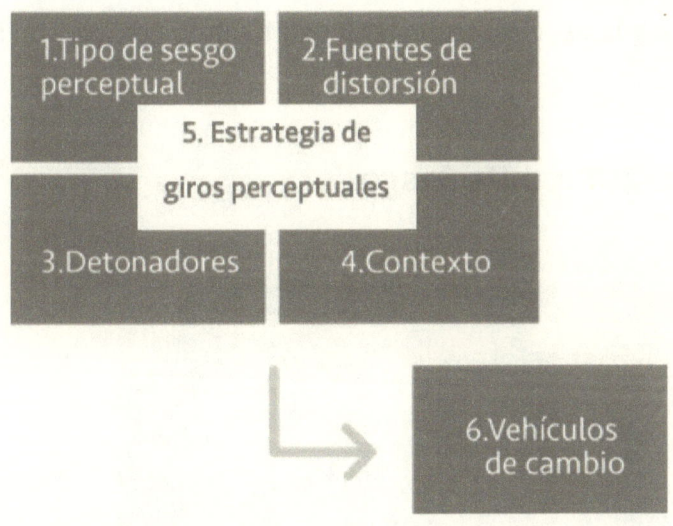

Las seis claves y análisis se describen a continuación:

1. Tipo de sesgo. Aquí nos referimos a identificar el tipo de sesgo perceptual que está afectando a la marca de alguna manera, ya sea de forma positiva o negativa (ver cuadro 2). ¿Se trata de un efecto halo, de estereotipos, de percepciones parciales, o de generalizaciones? ¿Se trata de la confirmación de una percepción que se hizo el consumidor? ¿De subjetivizar algo o de maximizar algo pequeño de una marca? ¿Se trata de que tu nueva campaña publicitaria pasó desapercibida para el consumidor?

¿El consumidor generalizó tu servicio como malo e inferior al de la competencia, debido a una mala experiencia en tu *call center*, a pesar de que es tu cliente desde hace tres años? ¿Un consumidor decidió no comprar tu reloj porque era hecho en México? ¿Otro consumidor vio un video viral en YouTube que pone en tela de juicio el proceso de fabricación de tu marca de alimento y lo asoció a transgénicos y decidió compartir el video?

Cuadro 2: Tipo De Sesgo

- Maxi - Mini
- Efecto halo - Generalización
- Estereotipos
- Pensamiento polarizado
- Efecto ancla
- Sesgo confirmatorio

2. Fuentes de distorsión. Se trata de ubicar las principales razones por las cuales se forjó el sesgo perceptual; atender a las fuentes que el consumidor nombra o que obtenemos con técnicas directas e indirectas para saber de donde proviene el sesgo perceptual (ver cuadro 3).

Es importante analizar si el detonante fue algo que dejó de hacer la marca (Blockbuster en la actualidad); algo que hizo la marca y fue mal interpretado por el consumidor; alguna acción que realizó la competencia y movió las fichas del entorno competitivo; un nuevo ingrediente de otra categoría que afectó a ésta; poca sincronía con marca, etcétera.

Por ejemplo, ¿fue el salto de Felix Baumgartner un factor que incidió directamente en el posicionamiento de Red Bull como una marca vanguardista? ¿Fue Capitán Morgan y los rones especiados los que actualizaron la categoría entera de rones? ¿Fueron los anuncios impresos los que hicieron que se conformara la imagen global del vodka Absolut? ¿Qué contribución tuvo la campaña Totalmente Palacio de El Palacio de Hierro para que esta marca construyera un giro perceptual en su imagen, consiguiendo la impresión de ser más sofisticada, actual y exclusiva?

También es relevante entender que tanto el tipo de sesgo como las distorsiones perceptuales pueden jugar en contra o a favor de la marca, y en ambas situaciones hay oportunidades para que las marcas capitalicen.

Cuadro 3: Fuentes De Distorsión

- Algo que dejó de hacer la marca
- Algo que hizo y no funcionó
- Algo que hizo la competencia
- Nuevo ingrediente en la categoría
- *Fit* Propuesta de marca - contenido

3. Detonadores. Nos referimos concretamente a los esfuerzos que provocaron cambios de percepción y los que no. Existen principalmente tres posibles escenarios:

a) Los que detonan o provocan giros perceptuales positivos; por ejemplo, el concepto de impreso que vodka Absolut lanzó hace ya varios años.

b) Los que resultan imperceptibles y pasan desapercibidos por lo que no hay cambios; por ejemplo, el lanzamiento de Coca-Cola Vainilla en México.

c) Los que generan un cambio negativo de percepción. Por ejemplo, el escándalo hace unos años de los juguetes de Mattel fabricados en China que contenían plomo.

Para la marca Comercial Mexicana el "Vas al súper o a la Comer" representó un detonador de mayor cercanía y diferenciación frente las demás cadenas de supermercado; quizá Jacqueline Bracamontes o Julio Regalado, ya no.

Algo que no hay que olvidar es saber cuánto tiempo prevaleció el efecto de lo que causó el giro perceptual. Es muy diferente la posible influencia que causó en Monex el escándalo sobre las elecciones del 2012, que el de Walmart y su acusación de supuestos sobornos a funcionarios mexicanos para acelerar la apertura de tiendas en el país. La duración que tienen los sesgos perceptuales es trascendental. Es también vital analizar los tres escenarios antes mencionados, debido a que unos pueden venir de la competencia, otros del entorno y otros sobre algo que hizo la propia marca (ver cuadro 4).

Cuadro 4. Detonadores De Distorsión

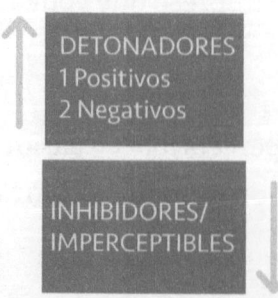

4. Contexto. El objetivo principal es identificar el contexto en el cual la marca es percibida como tal o dejó de ser percibida como era antes. Una elaboración y definición del contexto —contemplando sus diversos niveles posibles— en que está la marca y sus principales características. Este puede ser físico, de experiencia de consumo, de compra, cultural, social, etcétera (ver cuadro 5).

¿Bajo qué contexto la marca Pringles no tuvo el éxito esperado en los años ochenta y en tiempos actuales sí? ¿En qué contexto estaba la Cerveza Brisa —la primer marca de cerveza light en México— en los años setenta que hizo que fuera un fracaso, y bajo cuál están hoy Tecate Light y Modelo Light, las cuales han logrado un éxito mayor?

¿Qué tanto influye la zona en que se encuentran los restaurantes Fisher's o los Bodega Aurrerá Express? ¿Qué tanto influyó en su imagen las sucursales que hace años lanzó Banco IXE donde había computadoras, café o bebidas gratis, en una atmósfera poco asociada a un banco?

Cuadro 5: Contexto

- Físico
- Experiencia Consumo
- Compra/Adquisición
- Cultural
- Social
- Digital
- Otro

Hoy existen contextos muy particulares que influyen en la forma en que los consumidores mexicanos perciben a las marcas. Mucho de estos nuevos contextos los profundizamos Daniela Buenfil y yo en el libro #*Efecto Mezcal*.

Los contextos actuales a los que me refiero son:

- La desaceleración de la economía mexicana y la muy tenue recuperación mundial de la crisis global.
- El gobierno del PRI al gobierno Federal.
- Nuevas tendencias estéticas como minimalismo, maximalismo en otros casos, pop, retro y más.
- La revolución y democratización tecnológica. Cada vez más mexicanos tienen internet, pantallas planas, teléfonos inteligentes, tabletas, etcétera. A lo que se suman las experiencias como la de ir al cine, la variedad de alternativas culturales y de entretenimiento.
- El aumento de nuevos procesos de compra como el uso del internet para tener más información sobre un producto, el comercio electrónico (bastante grande ya con respecto a viajes, aerolíneas, cine, compra de libros, etcétera).
- La creciente segmentación de una gran cantidad de productos y mercados.
- La inseguridad y la proliferación de la informalidad laboral en el país.
- El aumento excesivo de la obesidad y el sobrepeso en la población mexicana.
- Las nuevas tendencias de alimentación saludable y el *boom* de los productos light bajos en calorías, bajos en grasa, los productos orgánicos, etcétera.

- El envejecimiento de la población y el cambio de la pirámide demográfica.
- Los nuevos tipos de familia que emergen.
- Y muchos más...

Respecto al tema del contexto es importante no olvidar a qué categoría de productos perteneces, por ejemplo, en el contexto actual de las bebidas es casi imposible competir si no se tienen soluciones saludables, bajas en calorías o con beneficios funcionales más allá de quitar la sed (ejemplo, energía, antioxidantes, relajamiento, etcétera).

5. Estrategias. Se trata de las diferentes posibilidades caminos para lograr giros perceptuales o combatir las distorsiones que construyen tus consumidores. ¿Cuáles son las estrategias que podrías tomar para cambiar percepciones?, ya sean de re-encuadre o de descontextualización de una marca, de *layers* o capas, de re-significación de términos, de raíz rejuvenecida (ver cuadro 6).

Cuadro 6: Estrategias

- Reencuadre
- Descontextualización
- Raíz rejuvenecida
- Layers
- Fraccionamiento/División
- Elevación emocional
- Otras

6. Vehículos. Nos referimos a los vehículos de *marketing* que utilizarás para cambiar percepciones; es decir, a los recursos de mercadotecnia que podrías llegar a lanzar para que tu marca logre movimientos de percepción (ver cuadro 7). ¿Se trata de cambios en el empaque de tu producto, la utilización de una nueva celebridad, una extensión de línea, una nueva campaña publicitaria, una nueva estrategia de redes sociales o una combinación de las anteriores?

Por ejemplo, en el caso del regreso del éxito de Old Spice se utilizaron videos en YouTube que tuvieron gran impacto social y viral. La campaña desarrollada por Wieden+Kennedy que contó con el actor y ex jugador de futbol americano Isaiah Mustafa como protagonista de la campaña.

Cuadro 7: Vehículos

- *Packaging*
- *Viral*
- *Sponsors*
- *Co-Brandings*
- *RP*
- *Imagen Usuario*
- *Otros*

A continuación enumeraremos una serie de principios que podrán ayudar a tu marca a generar cambios en la percepción. La finalidad de estos principios no es otorgar un recetario o instrucciones infalibles, sino brindar un conjunto de sugerencias —o instrumentos— que podrías utilizar para tener mayores posibilidades de que tu marca sea percibida de una forma más cercana a lo que aspiras, o si no hay salida, que tomes otro tipo de decisiones marcarias.

6.5 Los Giros Perceptuales

Antes de revisar algunas estrategias de giros perceptuales, preguntémonos lo siguiente: ¿mediante qué llegas a conocer los sesgos perceptuales de los consumidores y de las realidades de tus productos?.

En primer lugar, es primordial que monitorees continuamente no sólo la percepción de los consumidores acerca de tu marca sino de la categoría y de los temas paralelos que afecten a las percepciones de tu marca y competencia.

Debes preguntarte si el consumidor está migrando a otras marcas o categorías de producto, y qué lo impulsa a consumir la categoría. ¿La ve como un *commodity* (es decir, como un producto más en el mercado, sin un valor añadido ni diferenciación *vs.* otras marcas) o un lujo? ¿Cómo hago para mostrar un nuevo enfoque o nuevo ángulo de la categoría para hacerla más atractiva y relevante para el consumidor si ésta es visualizada como poco interesante?

Bonafont hizo que millones de consumidores voltearan a ver a la categoría de aguas embotelladas, Cinépolis y Cinemex, también lograron éxito en el mercado del entretenimiento en un negocio que presentaba desgaste, iba a la baja, no presentaba innovaciones. Prius le inyectó ecología, innovación y *coolness* al mercado de los coches. Nike hizo que el golf se volviera un deporte donde la ropa, la moda y la estética fueran más importantes.

¿Qué impactó tiene tu marca en su categoría? ¿Cuáles son las percepciones actuales?

A) Sesgos Perceptuales Que Obstaculizan Tu Crecimiento

Antes que nada es necesario que con información de mercado, estudios cualitativos y cuantitativos, antropológicos, etnográficos, de redes sociales, encuestas publicadas, Big Data y más, hagas con tu equipo de marca, *marketing*, publicidad e investigación y estrategia, un listado de sesgos perceptuales que obstaculizan o impiden que puedas cumplir con tus objetivos de mercadotecnia.

Algunos obstáculos o barreras que podrías encontrarte son:

- Que tu marca sea vista con un precio excesivo frente a la competencia de lo que realmente es. Una ocasión en un proyecto de una marca de cepillos dentales nos encontramos que los consumidores del nivel socioeconómico bajo percibían a la marca demasiado costosa, cuando en términos reales y comparativos no lo era. Investigando a profundidad nos dimos cuenta que el problema tenía que ver con que los consumidores percibían el nombre de la marca y la combinación de colores y el *packaging* como muy lejano, distante y les proyectaba precio alto. Esto implicó un cambio de la estrategia que se centró en el nombre de marca y *packaging*.

"Creado por la Asociación Mexicana de Inteligencia de Mercado y Opinión Pública (AMAI), el índice de Niveles Socio Económicos (NSE) es la norma, basada en análisis estadístico, que permite agrupar y clasificar a los hogares mexicanos en siete niveles, de acuerdo a su capacidad para satisfacer las necesidades de sus integrantes en términos de: vivienda, salud, energía, tecnología, prevención y desarrollo intelectual. La satisfacción de estas dimensiones determina su calidad de vida y bienestar".[69]

- Que consumir la categoría de producto resulta aburrido y poco estimulante; como alguna vez fueron las librerías y el agua embotellada antes del arribo y posicionamiento de marcas como Gandhi, Bonafont o Ciel.
- Que la marca sea vista de baja calidad por su país de origen. Alguna vez LG y Samsung se encontraron con este sesgo que ahora les toca a las marcas de origen asiático.
- Si hay poco producto o se agota porque existe la percepción de que es un producto exclusivo o de alta calidad que mucha gente quiere. En las marcas de tequila hace unos años encontraba este tipo de percepciones del consumidor, y lo que eran agotamientos y problemas de distribución para una marca, en realidad era visualizado por el consumidor como una marca selecta y "no para todos".

B) Principio Del Re-Encuadre

Este principio consiste en que para lograr un cambio de percepción en el consumidor es necesario darle muestras de que perteneces a otra categoría o subcategoría de producto de la que presupone —o la que realmente estás—, así como darle otro referente comparándote con otra categoría, industria o "tablero competitivo". El principio es que te re-encuadres, es decir, que te introduzcas en otro cuadro, en otra categoría, para que logres cambiar percepciones, claro está, respetando la esencia de la marca (ver diagrama 1).

Diagrama 1

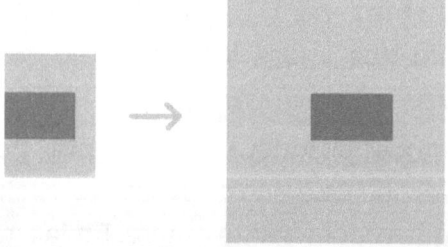

En este sentido, es salirse del mercado en el que se está o despegarse de las otras marcas comunicando que en realidad se vende otra cosa o se apela a otras necesidades, deseos y satisfacciones del consumidor.

Para esto es interesante el ejercicio que propongo en mi libro anterior *Genoma de marca* con respecto a identificar, a niveles profundos, cuál es el negocio detrás del negocio en el que estás.

Ejemplo de lo anterior es Starbucks la cual no se proyecta como una marca que está en el mercado de las cafeterías ni compite con Vips o Sanborns, sino como un lugar de relajamiento para conectar con los demás y compartir y comunicarse con otros. O también el Cirque du Soleil, el cual no se encuadra dentro de los circos sino en el mundo del espectáculo y entretenimiento artístico y musical, que es más amplio y que podría llegar a competir con un concierto de rock o incluso una ópera.

En el mundo de los productos de consumo masivo también ocurre el re-encuadre cuando una marca lanza extensiones de línea que van más allá de las fronteras de la categoría a la que pertenece, provocando con ello la apertura del campo perceptual del consumidor. Por ejemplo, cuando la marca Michelin lanzó la guía Michelin o Huggies lanzó toda una línea de productos relacionados con el cuidado del bebé más allá del ámbito de una marca de pañales. Claro está que los lanzamientos deben de ser asociados con la marca y que ésta tenga la credibilidad del consumidor, quien puede confiar en que dicha marca es capaz de ofrecer dicho producto o servicio. Cuando las marcas cruzan la frontera de lo que perceptualmente acepta el consumidor, podría meterse en problemas y perder credibilidad.

Por ejemplo, si tu marca está en dificultades es necesario que te preguntes cuál sería el principio posible para cambiar las percepciones. ¿Qué re-encuadre le favorecería a tu marca, de acuerdo a su esencia, para ir más allá de la categoría a la que pertenece?

C) Principio De La Descontextualización

Este principio está relacionado con el anterior; sin embargo, más que cambiar a la marca hacia un contexto más grande y amplio, aquí se trata de sacarla del contexto de la categoría hacia algo diferente (ver diagrama 2).

Diagrama 2

En los cambios de percepción de marca, las salidas de contexto son casi tan importantes como un cambio o iniciativa de la marca.

Como sabemos contexto y marca van unidos, y lo que puede funcionar en un contexto puede no hacerlo en otro. Una marca como Chipotle que es un caso de éxito en los Estados Unidos podría no serlo en México o una marca como Axe podría estar fuera de contexto si aparece en un evento como la carrera anual de Avón o El Palacio de Hierro en la feria de Texcoco.

En este principio lo que se requiere es que se cambie de contextos a la marca para que se nutra de esos nuevos ecosistemas. Algo como lo que ha logrado realizar la marca Jack Daniels en México al entrar a contextos mexicanos *ad-hoc* a la marca o Red Bull hace años a eventos deportivos como la

Fórmula 1.

> *"La evaluación de una marca en cualquier momento es una construcción temporal; la accesibilidad y prominencia de información relevante que genere la actitud que sea viene a la mente e influye en la evaluación de una marca".* Reed, Wooten y Bolton.

Por lo anterior, autores como Weil-Bacher hablan de que el contexto puede tener tanta relevancia como la marca en vistas del consumidor.[70]

El contexto en el que se encuentra el día de hoy la marca de cerveza Indio, hace impensable que hace diez o veinte años hubiera comunicado lo que hace en su campaña publicitaria actual: una proyección de marca alternativa, autenticidad, cultura urbana y con un eslogan como "Más Indio que nunca" (un eslogan que hace veinte años podría haber sido muy desafortunado por sus connotaciones despectivas y discriminatorias). Sin embargo, hay que considerar que hacer cambios súbitos de contextos de marca, para cualquier producto, es algo que hay que analizar detenidamente y tomar en cuenta los seis pasos abordados en páginas anteriores.

El hecho de cambiar el contexto en que se incursiona con la marca no necesariamente es positivo o negativo, y depende del diagnóstico de la situación, los objetivos y estrategias de la marca. Todos lo sabemos, hace veinte años el *graffitti* o arte urbano era asociado a vandalismo; el rock a rebeldía sin causa, pero hoy es algo *cool*, una característica y tendencia que muchas marcas han seguido. Hace 30 años tener tatuaje estaba relacionado con un marino o persona que había estado en la cárcel; hoy es algo muy común en todo tipo de segmentos y edades.

Si tu marca tiene problemas o apenas la estás introduciendo, ¿bajo que contextos le conviene que lo hagas?

D) Principio De La Raíz Rejuvenecida

Este principio aplica a las marcas que han perdido vigencia y han dejado de ser relevantes para los consumidores, por lo que el reto es tomar lo rescatable, aquello que todavía tenga potencial, lo positivo de la esencia o el genoma de la marca, para introducir nuevos elementos que rejuvenezcan a la marca o se le reoriente a otro *target* o nicho de mercado que la visualice como una marca vigente o actual.

El objetivo es hacer cambios a la marca —no necesariamente hacer giros drásticos de producto—, envolverla en un entorno diferente y "hablarle" a un *target* más joven, sin perder credibilidad de marca (ver diagrama 3).

Es más fácil pasar de ser una marca percibida como antigua a clásica que de antigua a moderna. Aquí es interesante ver los casos de "regresos de marca" o marcas que han logrado salir de tal disyuntiva, o que no han llegado hasta verse pasadas de moda. He mencionado anteriormente casos como Old Spice, Coca-Cola, Harley Davidson, Abuelita, Carlos V, Mustang o Dart y, últimamente, Furor, Levi's y más.

Diagrama 3

E) Principio De Las Diversas Capas

Este principio toma en cuenta que a nivel perceptual un consumidor puede ser apelado por diversas capas o *layers* con respecto a la profundidad en que se relaciona con la marca, la cual le puede proponer relacionarse a partir de atributos o características funcionales, beneficios y recompensas emocionales, filosofías de vida o valores, hasta necesidades profundas o deseos. Estas son capas y su manejo correcto puede generar cambios en las percepciones porque se reorienta la relación llevándola a otro plano.

Es muy distinto si una marca de seguros de vida se relaciona con un consumidor hablando de sus primas de seguro, plazos, comparativo con competencia, montos, que si lo hace hablando desde la trascendencia, de la familia y su legado en las generaciones que vienen. Por ejemplo Kleenex Cottonelle que habla de algo más allá que papel higiénico en su publicidad o GNP cuando lanzó su campaña publicitaria y slogan "Vivir es increíble" (ver diagrama 4).

Diagrama 4

Han existido marcas que pasan de relacionarse y posicionarse con un sentido de producto, destacando casi exclusivamente atributos y beneficios funcionales, por ejemplo, protección, suavidad, materiales y fibras especiales, a conectar con los consumidores desde una capa más profunda, como las necesidades, en este caso, autorrealización, autoestima, recompensa y balance personal–profesional.

F) Principio Del Fraccionamiento O División

Este principio implica hacer una selección y fraccionamiento de los elementos más importantes que son percibidos de una marca, y se centra en unos pocos que resultan positivos hacia la misma y los combina con otros nuevos. Se trata de hacer una disección de los principales atributos, beneficios o rasgos de personalidad de la marca, y utilizar sólo algunos, es decir, algunas fracciones (ver diagrama 5).

Diagrama 5

Este principio se utiliza muchas veces para reposicionar una marca. Se trata de un tratamiento quirúrgico de partes de un posicionamiento y de atributos, valores y rasgos de personalidad clave de la marca. En ocasiones se toman elementos positivos de una marca que conectan con el consumidor, que son muy favorables y forman parte de su esencia, y se agregan otros con el fin de darle un viraje perceptual a la marca.

Obviamente este tipo de estrategias lleva tiempo y suele implicar varios esfuerzos, que podrían incluir una nueva campaña publicitaria o de comunicación, pero no sólo eso, sino una nueva forma de hacer *marketing* y gestionar a la marca.

G) Principio De Predominancia De La Emoción. Pasándolo Del Plano Racional Al Emocional

En los tiempos de las causas y las posturas, es más difícil generar cambios de percepción en quienes ya tienen un punto de vista fijo sobre algo.

Más allá de la indiscutible importancia de las emociones en los comportamientos de consumo y compra, hoy existen segmentos en los cuales el cambio de percepción no va por los argumentos, evidencias o por una demostración racional.

Se torna muy difícil que un fan incondicional de iPhone le vea desventajas al iPhone 5s o que alguien que es un consumidor hipercrítico de alguna empresa como Telcel, Movistar o Iusacell le vea algo positivo. No tiene que ver con ideas o recursos creativos, en muchos casos con estos segmentos ni con la mejor campaña publicitaria del mundo funciona (ver diagrama 6).

Diagrama 6

Los cambios de percepción se vuelven muy difíciles, ya que el consumidor más bien busca elementos confirmatorios de lo que ya percibe; él hace un filtro y da importancia a los medios, comentario, *tuits*, mensajes, anuncios que confirman su posición preconcebida. En muchas ocasiones, el cambio proviene más de su grupo de referencia o una experiencia nueva. Es por esto que en estas ocasiones vale la pena pensar en elementos emocionales y de experiencia de consumo para con la marca.

H) Principio De Aprovechamiento De Activos Positivos De Una Marca A Otra

En este caso nos referimos al hecho de aprovechar el capital marcario o valor de una marca o personaje asociado a otra marca. Generalmente, a la que se le aplica tiene un *equity* menor que a la que se le asocia. Esto se da en procesos de migración de marcas, por ejemplo, cuando una corporación con una marca compra otra que, aunque tiene un alto valor, decide mantener la suya y no sustituirla por la nueva porque ya tiene un valor construido con los consumidores en el tiempo. Es un hecho que en las migraciones de marca se aprovechan las inercias y percepciones positivas de marcas anteriores, tales como de Banamex o Bodega Aurrerá que fueron conservadas (ver diagrama 7).

Diagrama 7

Lo que ocurre en estos casos es que las percepciones de una marca pueden llegar a asociarse a la nueva marca, convirtiéndose en fenómenos de mimetización. Asimismo, pero en un menor grado, existen las alianzas estratégicas entre marcas o también *cobrandings*, tales como el de Ferrari y Puma o computadoras Dell e Intel.

Relacionado con este tema, es importante entender la permeabilidad de las percepciones entre marcas, las relaciones entre ellas y que lo que hace percibir a una marca de una forma determinada tiene un efecto en otras marcas, tal como ha ocurrido entre Televisa y TV Azteca, Telcel y Iusacell, Coca-Cola y Pepsi, etcétera. Un caso interesante fue el de Adobe, cuando surgió hace pocos años el escándalo de que el iPhone no tenía Flash para ver videos y fue un fenómeno viral, lo cual algunos autores consideran fue la mejor campaña publicitaria que pudo tener Flash y Adobe.

I) Principio De No Anticipación (Cuando No Es Necesario)

Este principio es muy actual y se presenta cuando ocurren fenómenos no planeados en los medios de comunicación *blogs*, redes sociales, etc., donde es importante no tomar medidas al instante y tener una visión panorámica del tema. Existen casos de marcas o personalidades que, por tratar de aclarar un escándalo o un acontecimiento adverso a sus intereses, se enreda más y sale peor en términos de percepción.

Otro ejemplo es cuando se comenta un tema asignándole excesiva importancia cuando en realidad se trata de un tema banal y fugaz en las redes sociales. En este sentido es ejemplar el caso de marcas que han tomado medidas para proteger su imagen de la proliferación de versiones pirata de sus productos, cuando en realidad investigaciones han confirmado que no hay una afectación de lo pirata o las malas copias en la imagen de marcas originales.

En un estudio realizado en el año 2000 se concluye que, a pesar de la gran venta de productos pirata y réplicas en el mundo, éstos no afectan ni influyen negativamente a las marcas originales; no implican una caída en el valor de las mismas. Estos hallazgos no coinciden con predicciones hechas por la teoría. Los resultados anteriores no coinciden con suposiciones que se han tenido en el tiempo, en el mundo del *marketing*, en el sentido de que las réplicas o versiones pirata afectan a la imagen de las marcas originales. Resulta muy revelador e interesante el resultado del estudio previamente citado, ya que afirma que a nivel perceptual, las réplicas en realidad tienen un efecto pequeño en la reputación de las marcas originales.

Para este experimento algunas de las principales marcas que se utilizaron fueron Dior, Gucci y Louis Vuitton, las cuales son muy apreciadas en el mercado de la piratería. Aunque en realidad la piratería es un acto ilícito —que ha crecido enormemente en los últimos años—, no es percibida como tal por los consumidores, quienes justifican la compra de productos piratas porque consideran que las marcas se aprovechan de ellos y son muy costosas, o que no le afecta a nadie (ni a las marcas) y, además, todo mundo lo hace. Asimismo, a nivel perceptual las marcas originales en esta investigación no se vieron afectadas.

Este es un ejemplo del principio de no anticipación, y del riesgo que significa adelantarse a que se investigue bien si los juicios del consumidor sobre un tema son reales o más bien se trata de algo a lo que estamos acostumbrados escuchar los mercadólogos.

6.6 Mapas Perceptuales Estratégicos

Veamos ahora los mapas perceptuales estratégicos, que son una forma de representar y ejemplificar visualmente una marca o más con respecto a una serie de atributos, características, beneficios o valores. Esto ayuda a que los mercadólogos vean de formas gráfica las percepciones de los consumidores en un espacio, utilizando una serie de rasgos atribuibles a una marca. Los mapas perceptuales son herramientas muy útiles para representar gráficamente dónde está tu marca y tu competencia en el presente y donde podrías estar o pretendes estar en un futuro bajo un plan de *marketing*. Son recursos, sin duda, muy útiles a nivel estratégico.

Es muy importante que cuando hagas un mapa perceptual primero tengas a la mano las principales necesidades, detonadores o dimensiones clave dentro de las cuales, a nivel general, se engloban todos los atributos y marcas que mapearás. Estas grandes dimensiones serán tus ejes de mapeo. Por ejemplo, para un chocolate un eje puede ser "energía" en un polo y "relajamiento" en el otro. Podría ser también que otro eje fuera "chocolate en barra en uno", y "relleno" en el otro.

Los ejes se definen de forma estratégica, debes saber qué es lo más importante, qué te ayudará a mapear a tu marca y a la competencia. Así podrás utilizar el mapa para planear qué percepciones quieres en el consumidor.
Existen dos formas principales en las que se elaboran mapas perceptuales, y dependiendo el uso son:

1) Mapas perceptuales cuantitativos. Elaborados con ayuda de la estadística, después de haber utilizado un cuestionario con reactivos, preguntas y marcas. Se desarrollan varios análisis estadísticos sofisticados. Las distancias entre un atributo y otro o entre una marca y otra tienen una base estadística; por lo tanto, es importante que al hacer nuestro análisis consideremos la posibilidad de que el eje X explique más que el Y. Es muy importante saber leerlos para que no te quedes con una falsa interpretación.

2) Mapas cualitativos con fines estratégicos. Este tipo de mapas son iguales a los anteriores pero no tienen base estadística sino que a través del conocimiento del mercado, del consumidor, las marcas, los objetivos de la misma, los detonadores principales y el ámbito competitivo se "mapea" la marca y su competencia. Se trata más de ver la dirección que tomará la marca a nivel estratégico, ya que al ser cualitativo no se puede ver un avance en el tiempo. En este caso se necesitaría

pasar de lo teórico a lo práctico con un estudio cuantitativo.

6.7 El Workshop Como Herramienta Para Acortar Percepción-Realidad

Para trabajar contra las distorsiones perceptuales es muy útil realizar una serie de *workshops* o talleres donde se sigan los seis puntos clave ya mencionados; se trabaje desde la identificación de los sesgos perceptuales; sus detonadores; sus fuentes; el contexto del que forman parte. Con el fin de desarrollar estrategias y vehículos para cambiar percepciones.

Es indispensable contar con información o investigación de mercados —con diversas metodologías— para poder enlistar la gama de sesgos perceptuales o distorsiones cognitivas que deseas cambiar mediante diversas acciones de *marketing*, sólo por decir algunas: publicidad, estrategia de redes sociales (YouTube, Facebook, twitter, Pinterest, Instagram, etc.), relaciones públicas, mecenazgo, promociones, eventos, experiencias de *marketing*, activaciones, patrocinios, *packagings*, una mejor decisión en cuanto a celebridades, y mucho más.

Por otro lado, los principios presentados no son exhaustivos y es posible que haya varios más, pero se trata de temas recurrentes en el mundo del *marketing* y las marcas, así como considerar las sugerencias contenidas en este libro para trabajar de forma apropiada este tipo de procesos.

La gran utilizad del *workshop* o taller es trabajar en conjunto con diversas áreas, tanto la que conoce el mercado y forma parte del área de inteligencia de mercados, la que conoce la historia de la marca y la competencia, como los administradores y dueños de las mismas marcas para desarrollar un plan destinado a trabajar con las percepciones y, por los tanto, a cambiarlas.

Los talleres suelen tener objetivos particulares y se forman a partir de ocho y hasta 25 personas que trabajan de cuatro a ocho horas y, dependiendo del caso, de dos a tres días. Deben ser facilitados por expertos y de preferencia externos a la empresa para que exista un punto de vista neutral sobre las marcas y temas internos de la empresa. Las técnicas varían y hay innumerables versiones, pero este asunto no es propósito de este libro, sino recalcar que un *workshop* es un recurso útil para completar el ciclo de las seis etapas antes presentado.

Después de haber revisado varios principios, recomendaciones y esquemas para que una marca no pase desapercibida y se den giros perceptuales, pasaré al tema final: los cambios de percepción de las marcas tienen que empezar desde dentro de las marcas y de las empresas.

Si no se hace lo indicado, se vuelve mucho más difícil cambiar percepciones; si una marca quiere rejuvenecer su personalidad con su público pero mantiene su filosofía y cultura organizacional es difícil que lo cambie. Los cambios de percepción tienen que venir desde dentro de las empresas hacia fuera. En pocas palabras, uno tiene que encontrar la manera de proyectar lo que quiere que los consumidores perciban de forma creíble. Si no, corre el riesgo de quedarse en un ejercicio hueco que podría aterrizar en una nueva campaña, nuevo eslogan, nuevo producto o reposicionamiento sin que en realidad tenga sustancia.

6.8 El Cambio De La Percepción Desde Dentro

"El cambio significativo en percepciones de marca primero requiere una valoración interna honesta y una profunda introspección".[71] Thomson Dawson.

Como lo plantea Thomson Dawson y a través de mi experiencia—, me he dado cuenta de que los cambios de percepciones exitosos involucran un proceso interno en las empresas, que va desde dentro hacia fuera. Difícilmente cambiarás la mentalidad de un consumidor si antes no lo lograste en el seno de la marca. Muchas veces la mayor resistencia al cambio de percepciones se encuentra dentro de las compañías más que en los consumidores. Como sabemos, la autocomplacencia —o el enamoramiento de la propia marca como mencioné en *Genoma de marca*— es un fuerte obstáculo para cambiar.

Lo más fácil y lo más frecuente es que ante el fracaso para cambiar percepciones de los consumidores la marca opte por cambiar de agencia de publicidad, se lance un nuevo eslogan o se lleven a cabo acciones desesperadas de marca (promociones, descuentos, *me too* hacia una marca competidora, etcétera). Como dice Dawson, "las percepciones del consumidor sólo cambian a través de una experiencia de cambio"; es decir, que el cambio de percepción que queremos en los consumidores, tenemos que experimentarlo nosotros mismos.

Aquí se presenta la pregunta: ¿qué debo cambiar

internamente —que involucra no sólo el producto sino también el clima organizacional, la mentalidad hacia la categoría, la competencia y el producto— para que logre un cambio en las percepciones de los consumidores y su correspondiente efecto positivo?

Durante un par de años trabajé en una categoría de producto, donde lo más revelador que encontré no fue algo correspondiente al consumidor sino un nuevo punto de vista del mercado en que competía mi marca, un nuevo tablero competitivo. Y hasta que no se dio este cambio de percepción interno, no se logró un cambio de mentalidad hacia la marca que estábamos trabajando.

6.9 Caso Pr Skoda

Un caso muy interesante es el de la marca de coches Skoda, donde la vía de cambio de percepción, a través de los años, incluyó una estrategia, principalmente de relaciones públicas. En este caso, lo que buscaban era primero pasar de percepciones negativas a neutrales y luego de neutrales a positivas.[72]

Este caso, además de que involucró un tema de cambio interno, muestra una forma integral y completa de cómo se deben de manejar los giros perceptuales y cómo lograrlo.

La primera estrategia involucró una gran diversidad de acciones: visitas a la nueva fábrica, entrevistas con diseñadores, ingenieros y gente de investigación y desarrollo, ruedas de prensa de productos, *shows*, patrocinios y *marketing* de exposición (llevando los coches al mercado, *shopping centers* y estaciones de tren) y publicidad.

La segunda estrategia, y tomando en cuenta los valores esenciales de Skoda —calidad, funcionalidad, valor por el dinero, familia, cuidado del cliente y confiabilidad—, implicó comunicar dichas variables. Asimismo, involucró nuevos lanzamientos como Octavia (un nuevo vehículo). Nuevamente, su plan incorporó varias acciones como exposiciones en eventos nacionales, campañas de prueba de manejo, el "Reto Skoda", publicidad impresa, publicidad en TV para reforzar valores de marca, relaciones públicas, *marketing* de distribuidores, acciones de lealtad, etcétera.

Al final, el cambio de percepciones es uno de los temas claves que debieran estar en la agenda de los mercadólogos; por fortuna, hoy existe mayor claridad en torno al tema y una amplia base metodológica y empírica de cómo lograrlos.

Recuerda que los consumidores no toman elementos completos para darse una idea total de algo, sólo ven trozos, fragmentos. Ante esta realidad, tú, alguien que maneja marcas, empresas o instituciones necesitas un pensamiento perspicaz, completo y panorámico para conseguir el cambio de percepciones.

REFERENCIAS BIBLIOGRÁFICAS

1. Howard Eichenbaum, *The Cognitive Neuroscience of Memory*, Nueva York, Oxford University Press, 2002.

2. Larry Percy, "Unconscious processing of advertising and its effects upon attitude and behaviour", en S. Drehl y R. Terlutter (eds.), *International Advertising and Communications*, Wiesbaden, Alemania, Deutsche Universitats-Verlag, 2006, pp. 109-121.

3. Robert Heath, *Seducing the Subconscious: The Psychology of Emotional Influence in Advertising*, John Wiley & Sons, 2012.

4. Kırdar Yalçın, "Mysticism in Subliminal Advertising", en *Journal Academic Marketing Mysticism Online* (JAMMO), vol. 4, part. 15, pp. 222-239, (marzo, 2012), en línea <http://www.journalacademicmarketingmysticismonline.net>

5. "Subliminal Advertising", en *ADvertising Age*, Adage enciclopedia, en línea <http://adage.com/article/adage encyclopedia/subliminal-advertising/98895>

6. Elysabeth Teeko, "How Does That Make You Feel? Five Myths about Psychology", en *PsychCentral*, en línea <http://psychcentral.com/blog/archives/2010/10/28/how-does-that-make-you-feel-five-myths-about-psychology/>

7. Jessica Alcantara, "Tendencias vs Neuromarketing", en *Merca2.0*, en línea <http://www.merca20.com/ tendencias-vs neuromarketing/>

8. Jaime Romano, *Neuropirámide, base del neuromarketing*, México, LID, 2012.
Adolfo Fernández y José Martínez, "Viaje alucinante al centro de la mente (La nueva autopista del neuromarketing)", en *Investigación y marketing*, núm. 7, (2010), pp. 6-11.

9. Adolfo Fernández y José Martínez. "Viaje alucinante al centro de la mente (La nueva autopista del neuromarketing)", en *Investigación y marketing*, num. 7 (2010), pp. 6-11.

10. Erik Du Plessis, *The Advertised Mind: Groundbreaking Insights into How Our Brains Respond to Advertising*, Estados Unidos, Millward Brown, 2005.

11. Nichola Kent-Lemon, "Researching implicit memory: get the truth", en *Admap*, (mayo, 2013).

12. Robert Pepperell, "Visual indeterminacy and the paradoxes of consciousness", en *Altered States: transformations of perception, place, and performance*, School of Art & Performance, University of Plymouth, en línea http://www.robertpepperell.com/papers/Visual%20Indeterminacy.pdf.

13. *Diccionario de la Lengua Española*, Real Academia Española, 22a edición, Espasa Calpe, 2001.

14. El Abecedario de Gilles Deleuze (L'Abécédaire de Gilles Deleuze) fue un programa de la televisión francesa producido por Pierre-André Boutang entre 1988 y 1989,

emitido en el año 1996. Fue una serie de tres entrevistas que Claire Parnet le hizo al filósofo.

15. *Diccionario de la Lengua Española*, Real Academia Española, 22a edición, Espasa Calpe, 2001.

16. *Ibíd.*

17. Zygmunt Bauman, *Vida líquida*, Barcelona, Paidós, 2006.

18. Naomi Klein, *No Logo*, Barcelona, Paidós, 2001.

19. Philip Kotler and Kevin Keller, *Marketing Management*, Estados Unidos, Pearson, 2011.

20. *Ibíd.*

21. David A. Aaker, *Managing Brand Equity*, Nueva York, Free Press, 1991.

22. Norman Cameron, *Desarrollo y Psicopatología de la personalidad. Un enfoque dinámico*, Trillas, México, 1982.

23. Entrevista de Eduard Punset a David Eagleman, director del *Laboratorio para la percepción y la acción* de la University of Texas Medical School, Houston, Barcelona, octubre de 2008, en línea <http://www.redesparalaciencia.com/wp-content/uploads/2008/11/entrev020.pdf>

24. Richard J. Lutz, "Changing Brand Attitudes Through Modification of Cognitive Structure", en *Journal of Consumer Research*, vol. 1, núm. 4 (marzo, 1975), pp. 49-59.

25. Eloy Fernández Porta, *Eros. La superproducción de los afectos*, Barcelona, Anagrama, 2010.

26. *Ibíd.*

27. Wilson citado por David Myers, en *Psicología*, 7a edición,

Buenos Aires, Madrid, Médica Panamericana, 2006.

28. Thomson Dawson, "Changing Brand Perceptions", en *Branding Strategy Insider*, en línea <http://www.brandingstrategyinsider.com/2011/09/changing-brand-perceptions.html#.UoHD942GH8A>

29. Jean Halliday, "Chrysler: We're well-engineered", en *Advertising Age*, vol. 78, núm. 20 (mayo, 2007), p. 16.

30. Steven Pinker, *How the Mind Works*, Estados Unidos, Norton & Company, 1997.

31. Maria Popova, "The Science of Sleep: Dreaming, Depression, and How REM Sleep Regulates Negative Emotions", en *Brain Pickings*, en línea <http://www.brainpickings.org/index.php/2012/08/13/the- twenty-four-hour-mind-rosalind-cartwright/>. Sobre el tema, la autora cita el libro de Rosalind Cartwright, The Twenty-four Hour Mind: The Role of Sleep and Dreaming in Our Emotional Lives, Oxford, Oxford University Press, 2010.

32. Maria Popova, "Neurologist Oliver Sacks on Memory, Plagiarism, and the Necessary Forgettings of Creativity," en *Brain Pickings*, en línea <http://www.brainpickings.org/index.php/2013/02/04/oliver- sacks-on-memory-and-plagiarism/>

33. Donald P. Spence, *Narrative truth and historical truth: Meaning and interpretation in psychoanalysis*, Estados Unidos, Norton & Company, 1984.

34. "Selective attention, distortion and retention", en *Cite Management Article Repository* Of Cite, en línea <http://www.citeman.com/696-selective-attention-distortion-and-retention.html>

35. Juan José Ruiz Sánchez y Justo José Cano

Sánchez, *Manual de Psicoterapia Cognitiva*, edición digital, en línea <http://www.psicologia-online.com/ESMUbeda/Libros/Manual/manual.htm>

36. "Consumers susceptible to number confusión", en *United Press International*, en línea <http://www.upi.com/Science_News/2011/02/14/Consumers-susceptible-to-number-confusion/UPI-67631297734289/>

37. *Ibíd.*

38. Keith S. Coulter y Robin A. Coulter, "Distortion of Price Discount Perceptions: The Right Digit Effect", en *Journal of Consumer Research*, vol. 34, núm. 2 (agosto, 2007), pp. 162-173.

39. "What Is Odd Pricing–Definition, Example, Meaning" en *Psychological Pricing*, en línea file:///Users/Javier/Desktop/Perceptoproy/What%20Is%20Odd%20Pricing%20-%20Definition,%20Example,%20Meaning.webarchive>.

40. Judith Holdershaw, Philip Gendall y Ron Garland, "The Widespread Use of Odd Pricing in the Retail Sector", *Marketing Bulletin*, núm. 8 (1997), pp. 53-58, Research Note 1, en línea http://marketing-bulletin.massey.ac.nz/V8/MB_V8_N1_Holdershaw.pdf

41. *Ibíd.*

42. *Ibíd.*

43. Tom Denari, "JC Penney's Mistake? Assuming the Consumer Is Rational", en *AD Age. Agency News*, en línea http://adage.com/article/small-agency-diary/jc-penney-ends-phony-discounts-consumers-buying/234901/

44. *Ibíd.*

45. "Una campaña que pretender 'bajar los humos' a Abercrombie & Fitch", en *Merca2.0*, en línea http://www.merca20.com/una-campana-que-pretender-bajar-los-humos-a-abercrombie- fitch/.

46. Daniel Barbosa, "Publicidad busca contrarrestar declaraciones anti-gay de CEO", en *Merca2.0*, en línea http://www.merca20.com/publicidad-busca-contrarrestar-declaraciones-anti-gay-de-ceo/.

47. "Brands need to tap the subconscious", en *Warc*, en línea < http://www.warc.com/LatestNews/News/ Next.news?ID=31972>.

48. David McRaney, *You Are Now Less Dumb: How to Conquer Mob Mentality, How to Buy Happiness, and All the Other Ways to Outsmart Yourself Download*, Gotham Books, 2013, edición Kindle.

49. Javier Otaduy, *Genoma de Marca*, México, LID, 2012.

50. Millward Brown,"The business of brands",en línea www.millwardbrown.com/Libraries/MB_Published_Books_Downloads/MillwardBrown_TheBusinessOfBrands.sflb.ashx. PDF.

51. David Ropeik, *How risky is it, Really?: Why our fears don't always match the facts*, Estados Unidos, McGraw-Hill, 2010.

52. *Ibíd.*

53. *Ibíd.*

54. Jacob Jacoby y Leon B. Kaplan, "The Components of Perceived

Risk", en *Association for Consumer Research*, (1972), pp. 382-393, en línea http://www.acrwebsite.org/search/view-conference-proceedings.aspx?Id=12016.

55. Micael Dahlén y Fredrik Lange, "A Disaster Is Contagious: How a Brand in Crisis Affects Other Brands", en *Journal of Advertising Research*, vol. 46, (diciembre, 2006), pp. 388-397.

56. Yigang Pan y Donald R. Lehmann, "The Influence of New Brand Entry on Subjective Brand Judgments", en *Journal of Consumer Research*, vol. 20, núm. 1 (junio, 1993), pp. 76-86.

57. Pankaj Patel, "Impact of Celebrity Endorsement on Brand Acceptance", en *The Icfai Journal of Consumer Behavior*, vol. 4, núm. 1 (marzo, 2009), pp. 36-45.

58. *Ibíd.*

59. *Ibíd.*

60. Shipra Gupta, "The Psychological Effects of Perceived Scarcity on Consumers' Buying Behavior" en *DigitalCommons@University of Nebraska*, en línea http://digitalcommons.unl.edu/businessdiss/41/.

61. David A. Aaker, *Three Threats to Brand Relevance: Strategies That Work*, Jossey-Bass, 2013, publicación digital.

62. Chris Grams, *The Ad-Free Brand: Secrets to Building Successful Brands in a Digital World*, Estados Unidos, Que Publishing, 2011.

63. "The Power of Passion Conversations Around a Brand", en *Meritus Media*, en línea http://www.commpro.biz/digital-pr-2/power-passion-conversations-around-brand/.

64. Joel Rubinson, "Empirical Evidence of TV Advertising Effectiveness", en *Journal of Advertising Research*, vol. 49, núm. 2 (junio, 2009), pp. 220-226.

65. Jenni Romaniuk y Emma Nicholls, "Evaluating advertising effects on brand perceptions: incorporating prior knowledge", en *International Journal of Market Research*, vol. 48, núm. 2 (2006), pp. 179-192.

66. Ibíd.

67. Rei Inamoto, "The end of advertising as we know it--and what to do now", en *Fast Company*, en línea http://www.fastcocreate.com/1683292/the-end-of-advertising-as-we-know-it-and-what-to-do-now.

68. "Hábitos de lectura", en *Parametría*, en línea http://www.parametria.com.mx/carta_parametrica.php?cp=4492.

69. Asociación Mexicana de Agencias de Inteligencia de Mercado y Opinión A.C. (AMAI), en línea <http://www.amai.org> y *App*.

70. Americus Reed II, David B. Wooten y Lisa E. Bolton, "The Temporary Construction of Consumer Attitude", en *Journal of Consumer Psychology*, 12(4)(2002), pp. 375–388.

71. Thomson Dawson, "Changing Brand Perceptions", en *Branding Strategy Insider*, en línea http://www.brandingstrategyinsider.com/2011/09/changing-brand-perceptions.html#.UrdRt3lMCTM.

72. "The role of PR in changing perceptions. A Skoda case study",

en *The Times 100. Business Case Studies*, en línea http://businesscasestudies.co.uk/skoda/the-role-of-pr-in-changing-perceptions/introduction.html#axzz2oEuQ2nRG.

www.ingramcontent.com/pod-product-compliance
Lightning Source LLC
Chambersburg PA
CBHW030635220526
45463CB00004B/1525